Zugunsten einer besseren Lesbarkeit, aus Überzeugung und als Reminiszenz an eine natürlich gewachsene, gut verständliche und richtige Sprache wird in diesem Buch die männliche Schreibweise – das sogenannte generische Maskulinum – als geschlechtsneutrale Form verwendet.

Sämtliche Varianten von Gendersprache (permanente Ergänzung der männlichen Form um die weibliche, Sonderzeichen jeglicher Art, Missbrauch von Partizipien) werden nur beispielhaft oder bei Zitaten angeführt, um die Problematik einer solchen Sprachanpassung zu verdeutlichen.

Für meine Lieblingsmenschen

Alexandra Lingk

Zu viel des Guten

Gedanken einer alten, weißen Frau

tredition

Druck und Distribution im Auftrag der Autorin: tredition GmbH, Heinz-Beusen-Stieg 5, 22926 Ahrensburg, Deutschland

Inhalt

Auf ein paar Worte vorab

„Der, die, das! Wer, wie, was? Wieso, weshalb, warum? Wer nicht fragt, bleibt dumm." Mit diesen einleitenden Worten begann vor rund einem halben Jahrhundert das Titellied der Sesamstraße. Bei diesem Format handelte es sich um eine Fernsehserie für Kinder im Vorschulalter. Laut Information des Norddeutschen Rundfunks sollte die Sesamstraße eine Mischung aus Lernen und Spaß anbieten. Ab Anfang der Siebzigerjahre wurde sie in Deutschland ausgestrahlt. So weit, so gut.

Doch wer hätte damals ahnen können, dass diese Liedzeile irgendwann einmal – wenngleich auch nur rein theoretisch – Auslöser für ungewöhnliche Diskussionen sein könnte? Wer hätte zum Beispiel gedacht, dass rund fünfzig Jahre später die bestimmten Artikel „der", „die" und „das", die das grammatikalische Geschlecht repräsentieren sollen, nicht mehr nur harmlose Begleiter für Substantive sind, sondern ins Zentrum eines seltsamen Glaubenskrieges gezerrt werden könnten?

„Wer nicht fragt, bleibt dumm." Diese löbliche Ermunterung, den Dingen auf den Grund zu gehen, hat heute leider keinen allgemeingültigen Charakter mehr. Seit sich eine neue Disziplin namens „betreutes Denken" mehr und mehr breitmacht, scheint eigenständiges Nachfragen oder gar Infragestellen in vielen Fällen gar nicht mehr erwünscht zu sein. Im Gegenteil: In heutiger Zeit stehen die Dinge vielfach im Zeichen einer politisch-korrekten Bevormundungstendenz. Im Dunstkreis einer Minderheit, die diese auf Kosten der Mehrheit und mit teils unreflektierter Unterstützung zu vieler Medien auslebt, scheint es in vielen Angelegenheiten nur noch um deren Deutungshoheit und damit um die vermeintlich einzig wahre und richtige Haltung zu gehen.

„Zu gut gemeint", „zu viel des Guten" – Redewendungen dieser Art kommen zum Einsatz, wenn etwas eigentlich Positives so sehr überreizt oder übertrieben wird, dass es zu einem negativen Ergebnis führt. Diese Tendenz ist in Deutschland leider stark verbreitet. In vielen Bereichen wird einfach maßlos übertrieben, so auch in dem offenbar immer größer werdenden Bestreben, moralisch unantastbar zu sein und das „Richtige" zu denken und zu tun. Ein Blick auf die problematische Historie der Deutschen könnte zwar vermutlich Aufschluss über die etwaige Motivation geben, doch dem nachzugehen, würde hier zu weit führen und ist nicht Sinn und Zweck dieser Veröffentlichung.

In diesem Büchlein geht es vielmehr um das Missempfinden, das häufig entsteht, wenn ein zu stark ausgeprägtes Haltungsbedürfnis – hier wird im Folgenden auch immer wieder das Schlagwort „Political Correctness" zum Einsatz kommen – mit dem kollidiert, was gemeinhin als „gesunder Menschenverstand" bezeichnet wird. Da dieser Begriff jedoch zwischenzeitlich auch schon ein wenig abgenutzt daherkommt und mit teils sehr unterschiedlicher Intention gewählt wird, sei noch einmal explizit darauf hingewiesen, dass in der vorliegenden Abhandlung mit dem Ausdruck „gesunder Menschenverstand" in erster Linie die Fähigkeit gemeint ist, Schlussfolgerungen mit Vernunft und unter Berücksichtigung von Alltagserfahrungen zu ziehen. Ziel ist es, Dinge rational, pragmatisch und vor allem mit einer gewissen Verhältnismäßigkeit zu bewerten.

Vor diesem Hintergrund geht es dann um die Frage, ob die Option „Haltung zeigen" tatsächlich oberste Priorität haben sollte und in welchem Ausmaß Aspekte des Verstandes, der Logik und der Vernunft zugunsten dieser Option vielfach zurückgestellt werden. Diese Veröffentlichung ist darüber hinaus insgesamt als Plädoyer für eine Rückkehr zu einem gesünderen Maß der Dinge zu verstehen. Sie mahnt an, in vielen Bereichen doch einfach ein wenig öfter „die Kirche im Dorf zu lassen", will heißen, nicht immer gleich maßlos zu übertreiben mit dem, was als „gut" erachtet wird, sondern das Ganze in einem vernünftigen Rahmen zu handhaben. Da dies in vielen Fällen in der jüngeren Vergangenheit jedoch offenbar nicht gelungen ist, müsste es eigentlich sogar eher heißen: „Zurück mit der Kirche ins Dorf".

In der vorliegenden Veröffentlichung wird in diesem Zusammenhang ebenfalls eingegangen auf die Diskrepanz, die vielfach besteht zwischen dem, was in der virtuellen Realität der sozialen Medien propagiert wird und dem, was für einen Großteil der Gesellschaft den realen Alltag darstellt. Gerade im persönlichen Kontakt wird oft klar, wie weit entfernt der in der virtuellen Realität propagierte, politisch überkorrekte Lifestyle von der Realität eines gewöhnlichen Alltags ist. Es zeigt sich, wie wenig sich Otto Normalverbraucher mit der Vorstellung einer vermeintlich besseren (weil vermeintlich gerechteren) Welt und den Ideen von Wokeness (auf diesen Begriff wird noch näher eingegangen werden) identifiziert.

Derweil arbeiten sich einige wenige, hochengagierte Bessermenschen (der „Gutmensch" hat ausgedient, seit er 2015 zum Unwort des Jahres gekürt wurde) in natürlich bester Absicht daran ab, jegliche vermeintlich bestehende Diskriminierungen restlos auszumerzen. Mit empörtem „Das geht ja gar nicht" wird sprachlich und inhaltlich geschwärzt, gelöscht, gestrichen oder durch vermeintlich Besseres ersetzt. Es wird somit aktiv „gecancelt", was auch nur im Ansatz als nicht hundertprozentig politisch korrekt angesehen werden könnte.

Im unerschütterlichen Bewusstsein, das Gute und Richtige zu forcieren, werden zum Beispiel bestimmte literarische Vorlagen kastriert, althergebrachte Begrifflichkeiten als „No-Gos" aus dem Sprachgebrauch gestrichen und Inhalte ohne

Rücksicht auf Urheberrechte einem vermeintlich korrekten Zeitgeist angepasst.

Wem bei alledem in diesem Zusammenhang ein „früher war alles besser" durch den Kopf geht oder – schlimmer noch – über die Lippen kommt, erhält aus vermeintlich berufenem Munde gerne einmal das Etikett „ewig gestrig". Damit eng verbunden ist das Stigma der Rückständigkeit und des mangelhaften Problembewusstseins. Im schlimmsten Fall muss man mit der schlichten – und in der heutigen Zeit immer mehr und zumeist vollkommen undifferenziert verwendeten – Attributzuweisung „rechts" leben, während sich Bessermenschen unter dem Deckmantel ihres ausgeprägten Problem- und Verantwortungsbewusstseins wohlig wärmen.

In diesem Buch geht es vielfach um persönliches Empfinden und individuelle Meinung sowie um Kollisionen, die bei deren unterschiedlicher Wertung und Interpretation entstehen können.

Grundsätzlich ist es als bedauerlich einzuordnen, wenn dem Empfinden und der persönlichen Meinung einer Vielzahl von Menschen in Deutschland nicht Rechnung getragen wird, weil heutzutage von einer kleineren, aber dafür umso lauteren Personengruppe ein vermeintlich „gerechterer" oder gerne auch als „diskriminierungsfrei" erklärter Weg vorgesehen ist und dies hemmungs- und bisweilen schamlos – leider auch mit Unterstützung vieler Medien – propagiert und umgesetzt wird.

Absolut bedauerlich ist ebenfalls, dass mit dieser Festlegung beziehungsweise Entscheidung für das vermeintliche Wohl einiger weniger gleichzeitig die Diskriminierung einer deutlich größeren Gruppe offenbar billigend in Kauf genommen wird. Was daher bei allem ehrenwerten Ansinnen auch künftig oberste Priorität haben sollte und zum Glück derzeit trotz aller oft bevormundend daherkommenden Überzeugungsversuche noch Bestand hat, ist die Meinungsfreiheit. Auf dieses Grundrecht beruft sich der gesamte Inhalt der vorliegenden Publikation.

Wie alles begann – ein „privater" Rückblick

Dieses Kapitel behandelt eine sehr persönliche Perspektive und ist daher ausnahmsweise in der Ichform verfasst.

Begonnen hat meine gedankliche Auseinandersetzung mit überkorrektem Verhalten schon vor langer Zeit im Anschluss an eine verstörenden Begegnung: Damals machte ich erstmalig Bekanntschaft mit exzessiv ausgelebtem Feminismus.

Unter Feminismus ist den Ausführungen der Bundeszentrale für politische Bildung zufolge zum einen eine Bewegung zu verstehen, „die sich für politisch-praktische Maßnahmen zur Verbesserung der Lebenschancen von Frauen einsetzt" und zum anderen sind theoretisch-wissenschaftliche Bemühungen gemeint, „die Diskriminierung des weiblichen Geschlechts als Barriere wissenschaftlicher (und praktischer) Erkenntnis wahrzunehmen und zu überwinden". Soweit die Definition, anhand der sich Feminismus als – grundsätzlich definitiv sinnvoller – Teil politisch korrekten Denkens einordnen lässt. In einem gesunden Maß sind Bemühungen dieser Art ganz klar gut und wichtig. Kontraproduktiv gestalten sie sich jedoch, sobald sie persönliches Unbehagen hervorrufen. Und damit zurück zu besagter verstörender Begegnung, die bereits vor ein paar Jahrzehnten stattgefunden hat.

Zu dieser Zeit durfte ich gleich an einem meiner ersten Arbeitstage bei einem neuen Arbeitgeber eine Kollegin zu einer Veranstaltung begleiten. Dieser Veranstaltung war eine allgemeine Vorstellungsrunde vorangestellt. Als die Reihe an mir war, sagte ich, weil mir nichts Besseres einfiel, weil ich jung und zugegeben als Neuling in der Runde ein wenig unsicher war und mich auch nicht allzu sehr in den Vordergrund drängen wollte: „Mein Name ist Alexandra Lingk und ich bin eigentlich heute nur als Anhängsel von Frau XY hier." Frau XY – ihr Klarname tut hier nichts zur Sache – war allerdings in feministischer Hinsicht schon sehr viel weiter als ich und auch als viele andere seinerzeit, so viel weiter, dass sie nichts Besseres zu tun hatte, als mich laut und rundum gut vernehmlich mit folgenden Worten zu rügen: „Eine Frau ist niemals nur Anhängsel von irgendjemandem." Natürlich waren alle Augen dann erst recht auf mich gerichtet, und dieser für mich recht peinliche Moment machte mir auf unmissverständliche Weise schlagartig klar, dass es mit der Ausprägung meines feministischen Bewusstseins wohl (noch) nicht weit (genug) her war.

Das engagierte Eintreten der Kollegin für die Gleichberechtigung von Frauen in allen Ehren, aber die Tatsache, dass ich mich in diesem Augenblick in meiner Haut mehr als unwohl fühlte, lag nicht darin begründet, dass ich möglicherweise als Frau nicht oder nicht richtig wahrgenommen werden könnte, sondern eher darin, dass da jemand meinte, mich gleich an Ort und Stelle und vor versammelter Mannschaft vorführen und an meiner Person beziehungsweise Äußerung ein ideologisches Exempel statuieren zu müssen. So oder zumindest so ähnlich, dachte ich damals in meinem jugendlichen Leichtsinn, musste sich ein Hundewelpe fühlen, wenn er mit der doch eher mittelalterlichen und hoffentlich heute nicht mehr angewendeten Methode konfrontiert wird, seine Nase in seine Hinterlassenschaften zu drücken, damit er schneller stubenrein wird.

Es ist gut möglich, dass dies das Schlüsselerlebnis war, das heute für gewisse allergische Reaktionen verantwortlich ist und teilweise übersensible Verhaltensweisen provoziert, wann immer sich der Verdacht regt, dass Fanatismus oder Extremismus mit im Spiel sind – völlig unabhängig vom Thema. Fest steht jedoch: Zur Bildung und Entwicklung eines feministisch „angemessenen" Bewusstseins hat dieses Erlebnis bei mir definitiv nicht beigetragen.

Ich hatte zu diesem Zeitpunkt gerade mein Studium erfolgreich abgeschlossen und bereits erste Berufserfahrungen gesammelt. Schon damals lag mein Arbeitsschwerpunkt auf dem Verfassen von Texten und somit auf dem Umgang mit Sprache und deren Wirkung. In diesem Zusammenhang hatte ich bald auch Berührungspunkte mit ein paar weiteren feministisch motivierten Menschen. Diese setzten alles daran, einen Missstand zu beseitigen, der ihrer Meinung zufolge dem seit langer Zeit vorherrschenden Patriarchat allzu sehr in die Karten spielte: Sie forderten, weil sie Frauen als „sprachlich benachteiligt" beziehungsweise innerhalb der althergebrachten Sprache als „nicht sichtbar" erachteten, nachdrücklich nicht nur ein Umdenken, sondern auch eine sprachliche Veränderung, mit deren Hilfe diese Form männlicher Dominanz beseitigt werden sollte. Frauen sollten nicht nur „mitgemeint", sondern ausdrücklich auch eigens angesprochen werden; so wurde es damals von ein paar wenigen bereits recht vehement propagiert.

Zum erklärten Übeltäter bisheriger sprachlicher Verfehlungen wurde unter Berufung auf Erkenntnisse der feministischen Sprachwissenschaftlerin Luise Pusch das generische Maskulinum bestimmt, also die Wahl der (grammatikalisch) männlichen Form für verallgemeinernde und geschlechtsneutrale Beschreibungen. Angeblich seien Frauen damit eben „unsichtbar" oder würden gar „unsichtbar gemacht".

Ein beliebtes Beispiel, das auch heute noch immer wieder gerne als Beleg für diese steile These herangezogen wird, ist die folgende, konstruierte Geschichte: Ein Vater und sein Sohn werden in einen Autounfall verwickelt. Der Vater verstirbt am Unfallort, sein Sohn wird in eine Notaufnahme gebracht. Um sein Leben zu retten, ist eine Operation dringend erforderlich. Der alles entscheidende Satz in dieser Geschichte folgt jetzt: *Doch in der*

Notaufnahme sagt der Chirurg: „Ich kann diese OP nicht durchführen, da liegt mein Sohn." Und da sich viele Menschen daraufhin fragen, wie das möglich sein kann, denn schließlich hat man kurz zuvor erfahren, dass der Vater des Sohnes beim Unfall ums Leben gekommen ist, wird dieser Satz innerhalb dieser konstruierten Anekdote immer wieder als Beweis angeführt, dass die bisherige Sprache das Denken zugunsten des männlichen Geschlechts manipuliert habe. Denn „der Chirurg" wird hier als generisches Maskulinum im Singular verwendet. Erst in dem Moment, in dem aufgelöst wird, dass „der Chirurg" in diesem Fall eine Frau ist und zudem die Mutter des Sohnes, wird dies klar. Die vorangegangene Fehlinterpretation gilt seither als Paradebeispiel für die Ungerechtigkeit des generischen Maskulinums.

Doch die in diesem Beispiel tatsächlich vorhandene „Unsichtbarkeit" der Frau ist ein absoluter Ausnahmefall. In den meisten aller Fälle ist eindeutig auch beim generischen Maskulinum im Singular aus dem Kontext zu erkennen, ob von einem Mann oder einer Frau die Rede ist. Abgesehen davon gibt es genau für solche Fälle eben das Suffix „-in", das sofort die erwünschte Konkretisierung ermöglicht. Daher ist es umso unsinniger, wegen solcher Einzelfälle eine gewachsene Sprache nachhaltig zu manipulieren. Denn streng genommen wird es so sein, dass niemand in dieser Situation „sagt der Chirurg" gesagt hätte, sondern dass automatisch von „der

Chirurgin" die Rede gewesen wäre. Nur aufgrund einer solchen Konstruktion „mehr Geschlechtergerechtigkeit" wegen angeblich sprachlicher Manipulation zu fordern, ist schlicht eine falsche Konsequenz. Das Gegenteil ist richtig: Gerade weil es für solche Fälle die besondere weibliche Form gibt, ist es vollkommen unangebracht, hier von „Ungerechtigkeit" zu sprechen. Im Laufe der Darstellungen dieser Publikation wird auch auf andere Weise deutlich werden, warum der Vorwurf des „Unsichtbarmachens" durch das generische Maskulinum im Prinzip haltlos ist.

Doch zunächst noch einmal zurück in die Vergangenheit: Da wurde nun also der Wunsch immer lauter, den vermeintlichen Missstand der sprachlichen Benachteiligung zu beseitigen und Frauen so schnell wie möglich deutlich sichtbarer zu machen. Man sah dafür zwei Möglichkeiten: die jeweilige zusätzliche Nennung der weiblichen Form (auch heute noch so praktiziert unter der Bezeichnung Paarnennung, Doppelnennung oder auch Beidnennung) und etwas später dann auch die Einführung eines Sonderzeichens namens „Binnen-I", dem in diesem Fall groß geschriebenen Anfang der weiblichen Endung „innen" im Plural. Auf diese Weise wurden beispielsweise aus „die Lehrer" wahlweise „die Lehrer und Lehrerinnen" oder eben „die LehrerInnen". In einer – im Vergleich zu heute – eher homöopathischen Dosierung mutete das zunächst durchaus höflich und fortschrittlich an. Die paar

Binnen-I, die man ab und an vorfand, gaben wenig Anlass zu Verärgerung, die Nennung von sowohl männlicher als auch weiblicher Form in der direkten Ansprache („Sehr geehrte Zuhörerinnen und Zuhörer") wurde sogar von einer großen Mehrheit überwiegend wohlwollend zur Kenntnis genommen.

Wie auch immer: Ich selbst gehörte nicht zu denjenigen, die sich „nicht angesprochen" fühlten, wenn beispielsweise an der Uni von „Studenten" die Rede war oder im Job von „Kollegen" oder „Mitarbeitern". Vielleicht lag es daran, dass ich mich als Teil eines Ganzen fühlte und in dem Bewusstsein lebte und auch das Bedürfnis verspürte, in erster Linie als Mensch wahrgenommen zu werden, vollkommen losgelöst vom biologischen Geschlecht. Und es war schon damals so, dass es mir wichtiger war, dass man aufgrund meiner (hoffentlich in ausreichendem Maße vorhandenen) Kompetenz und meiner Persönlichkeit auf mich aufmerksam wurde und nicht aufgrund meiner Geschlechtszugehörigkeit.

Das sehe ich heute immer noch so. Mir ist aber wichtig, nicht in den Chor des undifferenziert dahergesagten „Gendern ist doof" einzustimmen, sondern mit nachvollziehbaren Argumenten zu erklären, warum ich Gendersprache ablehne. Ein Schlüsselerlebnis aus der jüngeren Vergangenheit hat zu diesem Bedürfnis beigetragen. In einer Unterhaltung reagierte mein Gesprächspartner auf meine grundsätzliche Kritik an der Gendersprache leicht vorwurfsvoll: "Aber das ist doch wichtig", meinte er. „Das muss man doch schon allein für die Gleichberechtigung machen." Nein, das muss man gar nicht. Und für mich zumindest ist es vollkommen unwichtig. Ich lege Wert darauf, als Mensch wahrgenommen zu werden, möchte im günstigsten Fall durch meine Fähigkeiten oder mein (zumeist) freundliches Wesen in Erinnerung bleiben, aber doch nicht wegen meines Geschlechts. Und meine Sexualität muss ich schon gar nicht an die große Glocke hängen, die geht niemanden etwas an. Früher einmal war so etwas reine Privatsache. Als solche sehe ich das heute immer noch. In diesem Fall mag man mir gerne Rückständigkeit attestieren. Doch dazu an späterer Stelle mehr.

Der Wert des sprachfeministischen Ansatzes erschließt sich mir auf jeden Fall bis zum heutigen Tag nicht. Zum einen liegt dies mit Sicherheit an der ideologischen Komponente, bei der in neuerer Zeit mit der Brechstangen-Methode eine „richtige" Sprache für die „richtige" Realität sorgen soll. Zum anderen liegt es an der fehlenden Praktikabilität der unterschiedlichen Varianten, mit denen dies erreicht werden soll, während diese gleichzeitig teilweise großen Schaden an der Sprache und deren Möglichkeiten, die Realitäten detailgetreu darzustellen, anrichten. Was nämlich noch erschwerend hinzukommt: Ich empfinde eine große Bewunderung für meine funktionale und unglaublich raffinierte, wenngleich nicht immer ganz einfache Muttersprache. In diesem Kontext bin ich auch ein großer Freund geflügelter Worte, und aus genau diesem Grund könnte ich niemals sagen, ich sei „eine große Freundin geflügelter Worte". Ist diese persönliche Logik nachvollziehbar? Ich hoffe es.

Auf die Problematik von Gendersprache und den Schaden, den ihre verschiedenen Varianten anrichten können, soll im Folgenden etwas näher eingegangen werden. Später wird es dann noch um die weiteren Bemühungen gehen, mit deren Hilfe – auch abseits von sprachlichen Korrekturversuchen – besonders Engagierte eine „bessere" Realität als die vorhandene schaffen wollen und diese Korrekturen auch gerne einmal gegen den Willen vieler anderer durchzusetzen versuchen.

Es muss nämlich ebenfalls festgehalten werden, dass es sehr viele Menschen in dieser Gesellschaft gibt, die sich nicht mit dieser nur vermeintlich sensibleren und damit auch nur vermeintlich besseren Herangehensweise an die Dinge identifizieren. Ein überwiegender Teil der Gesellschaft – Umfragen unterschiedlicher Auftraggeber bestätigen das regelmäßig – erachtet all diese Bemühungen als übertrieben und sieht eine große Diskrepanz zwischen den Bestrebungen im Sinne einer Political Correctness einerseits und rationalem Denken und Vorgehen andererseits.

Diese Empfindungen waren letzten Endes auch die Initialzündung für die vorliegende Publikation.

Zusätzlich motiviert hat mich im Rahmen einer Unterhaltung die Feststellung meines Gesprächspartners: „Ich vermisse deine Leserbriefe." Tatsächlich waren Leserbriefe eine Zeitlang das Medium meiner Wahl, um am öffentlichen Diskurs teilzunehmen. Doch irgendwann machte sich ein Gefühl des „Aus den Augen, aus dem Sinn" breit, wenn diese Leserbriefe zwar abgedruckt wurden, tatsächlich auch immer wieder zustimmende Reaktionen hervorriefen, aber dann natürlich mitsamt ihren Denkansätzen einfach wieder in der Versenkung verschwanden. Das ist der Lauf der Dinge – nichts ist so alt, wie die Zeitung von gestern, das ist bekannt.

Daher soll nun mit den Ausführungen hier zumindest die theoretische Möglichkeit für etwas „Bleibendes" geschaffen werden: Sie sollen ein Plädoyer dafür sein, dass wieder eine eher vernunftgesteuerte Urteilsbildung anstelle von ideologischer Verblendung als Grundlage für das Denken und Handeln dient.

I. Zu viel Political Correctness per Sprachveränderung

Kurz vorab: Politische Korrektheit, häufiger mit dem englischen Schlagwort Political Correctness umschrieben, kennzeichnet eine Haltung, die alle Ausdrucksweisen und Handlungen ablehnt, durch die jemand aufgrund seiner Herkunft, seines Geschlechts, seiner Zugehörigkeit zu einer bestimmten sozialen Schicht, seiner körperlichen oder geistigen Behinderung oder seiner sexuellen Neigung diskriminiert wird. Sie ist durch eine ausdrückliche Sensibilisierung gegenüber Minderheiten gekennzeichnet. So weit, so gut.

Besonderen Sensibilisierungsbedarf sehen politisch korrekte Menschen bei der Sprache. Immer wieder wird heute kolportiert, Sprache müsse „gerechter" sein, müsse „alle ansprechen" oder „alle mitnehmen". Um diese hehren Ziele zu erreichen, gehen unterschiedliche Protagonisten unterschiedliche Wege. Manche beschreiten ihren dabei aus voller Überzeugung, andere wiederum gehen einfach mit, „weil man das ja jetzt so machen muss", wie dies auch nicht selten artikuliert wird.

In Gänze betrachtet, ist das Unterfangen „geschlechtergerechte Sprache" jedoch zu einer sprachlichen Katastrophe ausgeartet. Was ehemals klar und unzweifelhaft umschrieben werden konnte, wirft mit „gerechteren" Formulierungen nun

Fragen auf. Sätze werden bis zur Unleserlichkeit aufgeblasen, Grammatik wird in vielen Fällen mit Füßen getreten. Das, was die deutsche Sprache – auch wenn sie grundsätzlich keine leichte Sprache ist – einmal ausgemacht hat, nämlich ihre Präzision, die Möglichkeit, mit Füllwörtern bestimmte Nuancen zu geben oder zu verändern, muss nun vielfach einer uneleganten und sprachlich minderwertigen Gleichmacherei weichen.

Im Folgenden werden die Wege beschrieben, die beschritten werden, um mehr „Gerechtigkeit" in die gesprochene und geschriebene Sprache zu bringen. Es wird dargelegt, welche Auswirkungen damit jeweils verbunden sind und warum das eigentliche Ziel letzten Endes gar nicht erreicht wird. Zunächst werden hier also verschiedene Möglichkeiten gegenderter Sprache aufgezeigt, erläutert und bewertet.

Beidnennung, Paarnennung oder auch Doppelnennung

Bei dem Phänomen der Beidnennung, Paarnennung oder auch Doppelnennung handelt es sich um die sprachliche Variante, bei der sowohl die männliche als auch die weibliche Form benannt wird, um damit die Verwendung des generischen Maskulinums als allgemeine Form zu vermeiden. Angeblich sei ein „gleichrangiges Mitdenken" von Frauen und Männern dabei empirisch nachgewiesen. Apropos „angeblich" und „empirisch": Bei dieser Gelegenheit muss dringend noch zum Ausdruck kommen, dass die vorliegende Publikation keinerlei Anspruch auf eine wie auch immer geartete Wissenschaftlichkeit erhebt. Alles, was eventuell diesen Anschein erwecken könnte, ist in jahrelanger Kleinarbeit aus unterschiedlichsten Quellen angelesen, auf Praktikabilität im Alltag überprüft und mit persönlichen Erfahrungen angereichert worden und wird hier nun aus „Normalverbraucher-Sicht" und vor allem unter Berücksichtigung und Mitwirkung des vielfach zitierten und hier bereits kurz angesprochenen „gesunden Menschenverstandes" beschrieben. Diese Publikation enthält zwar ausdrücklich eigene Erkenntnisse, aber ebenso ausdrücklich keine, die wissenschaftlicher Natur sind.

Doch zurück zur Beidnennung, Paarnennung oder auch Doppelnennung: Ein Argument, das von Gendersprache-Befürwortern immer angeführt wird, betrifft die Überlegung, dass Mädchen sich bei der Berufswahl wohl eher Berufe zutrauen, wenn die weibliche Bezeichnung immer mit aufgeführt ist. Auch heutzutage wird diese Erkenntnis immer noch eifrig kolportiert. Ob sie tatsächlich erwiesen ist, sei dahingestellt. Erwiesen ist aber definitiv, dass sich beispielsweise nicht mehr Frauen für den Beruf des LKW-Fahrens entscheiden, nur weil irgendwo von „LKW-Fahrerinnen und LKW-Fahrern" die Rede ist.

Es ist überdies kaum nachvollziehbar, dass eine vermeintliche Erkenntnis dieser Art als alleinige Begründung für das sprachliche Gendern sinnvoll sein soll, denn ob ein Beruf als für Männer oder Frauen geeignet interpretiert wird, hängt von vielen weiteren Faktoren ab, die über den sprachformalen Aspekt weit hinaus gehen. In allererster Linie ist nämlich der Kontext innerhalb eines Satzes verantwortlich für die jeweilige Assoziation. Bei der Behauptung „Lehrer haben es gut, sie haben sechs Wochen Sommerferien" beispielsweise ist jedem sofort klar, dass hier nicht nur ausschließlich männliche Lehrer gemeint sein können.

Abgesehen von dieser Tatsache gibt es heute für das Themenfeld Berufswahl wirklich gut konzipierte Aktionen, wie zum Beispiel den „Boys' and Girls' Day". Diese sind viel besser als irgendwelche Sprachveränderungen geeignet, jungen Menschen zu verdeutlichen, dass Aspekte, die lange Zeit als „typisch männlich" oder auch „typisch weiblich" galten, kein Hinderungsgrund sein sollten, einen

Beruf zu ergreifen, wenn er einem persönlich reizvoll erscheint. In diesem Bereich gibt es auch klare Erfolgsmeldungen. Vor einiger Zeit erschien eine Statistik, der zufolge sich etliche Mädchen, die die Gelegenheit hatten, an einem solchen Aktionstag in einen „Männerberuf" hineinzuschnuppern, dann auch für einen solchen entschieden hätten. Übrigens wird ebenfalls per Statistik vermeldet, dass dadurch etliche Jungen die Entscheidung für einen ursprünglich als „typisch weiblich" betrachteten Beruf getroffen haben.

Dies alles zeigt zum einen, dass praktische Aktionen sinnvoller sind als die rein theoretisch ansetzenden (und vor allem qualitativ äußerst unguten) Veränderungen von Sprache. Zum anderen wird deutlich, dass es bei so etwas inzwischen um wirkliche Gleichstellung geht. Ursprünglich war besagter Aktionstag nämlich als reiner „Girls' Day" konzipiert. Erst später wurde daraus der „Boys' and Girls' Day" und erst seitdem das so angepasst wurde, wird die Aktion dem ursprünglichen und immer wieder betonten Ansinnen gerecht, tatsächlich für Gleichstellung zu sorgen.

Ungeachtet dieser Erkenntnis kann es bei Berufsbezeichnungen in Stellenangeboten und ähnlichen Formaten in bestimmten Zusammenhängen durchaus sinnvoll sein, auf unterschiedliche Geschlechtsvarianten hinzuweisen. Doch die ideologische Übermacht des Politisch-Korrekten ist nicht mehr zu leugnen, wenn in Zeitungsartikeln oder

Meldungen in Nachrichtensendungen oder auch in Unterhaltungstexten, in der Werbung, bei Gebrauchsanweisungen und bei allem anderen „Lesbaren" permanent die unspezifisch maskuline Form um die sehr spezifisch feminine ergänzt wird.

Die Beidnennung (Paarnennung, Doppelnennung) ist im Gegensatz zu Gendervarianten wie Sternchen, Unterstrichen oder Doppelpunkten zwar etwas unauffälliger, doch auch sie ist verfolgt ausdrücklich das Ziel, Sprache „gerechter" zu machen. Dieser Intention folgend kommt es dann beispielsweise zu solchen Radiomeldungen: „Probleme gibt es auch in Justizvollzugsanstalten, in denen wegen eines Mangels an Mitarbeiterinnen und Mitarbeitern leider auch die Resozialisierung von Insassinnen und Insassen in Gefahr sei. Erschwerend kommt ein erhöhter Krankenstand bei Beamtinnen und Beamten hinzu."

Bei einer solchen beinahe schon notorischen Ausprägung von Beidnennung stellt sich der sprachlich sensible Hörer oder auch Leser dann schon einmal die Frage, was mit den Redakteuren nicht stimmen könnte: Merken diese nicht, wie sehr sich der Fokus des Lesens oder Hörens damit verschiebt? Merken sie nicht, dass auf diese Weise gar nicht „geschlechtergerecht" berichtet wird, sondern dass vielmehr gerade mit diesen in die Länge gezogenen Satzkonstruktionen ständig das Geschlecht fokussiert und viel eher auf geschlechtliche Unterschiede verwiesen wird? Merkt niemand aus der

gendernd schreibenden Zunft, wie eine der journa-
listischen Grundregeln ("Schreiben Sie einfach und
verständlich") damit eiskalt ignoriert wird? Ist "Haltung" demnach tatsächlich das einzige, was noch
zählt? Fällt niemandem sonst auf, dass dem Bestreben, Sprache politisch korrekt zu machen, inzwischen immer öfter eine korrekte Grammatik geopfert wird?

So war beispielsweise vor lauter offensichtli-
chem Genderbedürfnis in einem Reisetipp einmal
zu lesen: „Neben Radfahrerinnen und Radfahrer
dürfen den Weg auch Fußgängerinnen und Fuß-
gänger nutzen." Natürlich müsste es in diesem Fall
grammatikalisch richtig heißen: „Neben Radfahrerinnen und Radfahrern …", aber bei so viel Acht-
samkeit gegenüber dem Bedürfnis, das weibliche
und das männliche Geschlecht zu benennen, ist für
grammatikalische Fälle und ähnliche komplizierte
Details offenbar kein Raum mehr. Hinzu kommt
natürlich auch, dass diese erweiterte Form generell
deutlich mehr Potenzial für Tipp- oder Flüchtig-
keitsfehler bietet. So ist es dann auch schon einmal
vorgekommen, dass jemand die „Unternehmerin-
nen und Unternehmen" ansprach. Oder auch: „Olaf
Scholz nutzte eine Pressekonferenz der Deutschen
Presse Agentur für Chefredakteurinnen und Chef-
redakteuren, um seine Absage zu bekräftigen." Fehler, wo man hinschaut und ein Fehlerpotenzial, das
stetig steigt – eine bedauerliche Entwicklung, gerade auch mit Blick auf den gesamten

Onlinebereich der Medien, wo der Begriff „Korrekturlesen" offenbar zu einem Fremdwort verkommen ist.

Selbst in der vom Frohsinn beherrschten fünften Jahreszeit wird von besonders Engagierten inzwischen Wert auf sprachliche Geschlechtergerechtigkeit durch Beidnennung gelegt, vollkommen ungeachtet dessen, dass das in diesem Fall – wie in vielen anderen ebenfalls – ohne Sinn und Verstand geschieht. Noch einmal kurz für Nicht-Karnevalisten: Der Begriff „jeck" ist das kölsche Wort für „närrisch" oder „verrückt". Es ist zunächst ein Adjektiv oder auch Eigenschaftswort, das eine Person näher beschreibt. Im Kölner Karneval ist es aber auch üblich, dass dieses Adjektiv quasi personifiziert wird. Aus der Eigenschaft „jeck" wird damit also ein Mensch, der „Jeck". Und wenn sich der Präsident des Festkomitees Kölner Karneval, Christoph Kuckelkorn, in einem Grußwort an das närrische Volk wendet, tut er das natürlich mit einem „Leev Jecke", also „Liebe Jecke". Wer karnevalistische Ansprachen beginnt mit „Liebe Jeckinnen und Jecken", hat leider nicht verstanden, was den Kölner Karneval ausmacht. Diese Leute könnten dann auch gleich das Feiervolk mit „Liebe Verrücktinnen und Verrückten" ansprechen – das wäre dann wenigstens in jeglicher Hinsicht falsch.

Hier sieht man wieder einmal, wie absurd die Bemühungen um mehr sprachliche Gerechtigkeit ausufern können. Umso erholsamer ist es dann, wenn zumindest ein lokaler Radiosender in seiner Nachlese der Session von „Karnevalisten" spricht und nicht völlig überflüssig „Karnevalistinnen und Karnevalisten" sagt (zumal besonders im Karneval aufgrund origineller Kostümierung oft nicht klar ist, wer gerade welches Geschlecht darstellt, was bitte keinesfalls als „transfeindliche" Aussage zu verstehen ist).

Ein sehr trauriges Beispiel für eine vollkommen überflüssige Beidnennung ist vermutlich das State-ment der zurückgetretenen Bundesfamilienministe-rin Anne Spiegel zu einem Zeitpunkt, als sie noch Landesumweltministerin von Rheinland-Pfalz war und die schreckliche Flut das Ahrtal heimsuchte. Während viele Menschen dort schon um ihr Leben kämpften, ließ Spiegel eine Pressemitteilung veröf-fentlichen, dass mit keinem „Extremhochwasser" zu rechnen sei. Zuvor hatte sie ihren Pressestab nachweislich und nachdrücklich darauf hingewie-sen, dass in dieser Meldung bitte noch gegendert werden solle. Die Pressemeldung mit der in diesem dramatischen Zusammenhang fast höhnisch anmu-tenden Formulierung „Campingplatzbetreiberin-nen und Campingplatzbetreiber" war am Ende nicht der Grund, weswegen Spiegel ihren Hut neh-men musste. Doch es zeugt von einer ideologischen Verbohrtheit höchsten Grades, wenn in einer sol-chen Situation der Fokus auf solche Nebensächlich-keiten gelegt wird. Niemand, dessen Existenz ge-rade auf dem Spiel steht, schert sich darum, ob er vermeintlich geschlechtergerecht angesprochen wird und die, die so gerade mit dem Schrecken davon gekommen sind, haben definitiv auch andere Sorgen.

Welche scheußlichen Blüten die notorische Doppelnennung außerdem treibt, kann man tagtäglich kopfschüttelnd lesen. Wort-Ungetüme wie „Kreuzfahrtpassagierinnen und -passagiere" oder „Ampelverkehrspolitikerinnen und -politiker" treiben all denen die Tränen in die Augen, die doch einfach nur sachlich und neutral über wissenswerte Inhalte informiert werden wollen. Überflüssig wie ein Kropf ist auch die vermeintliche Präzisierung „Rentnerinnen und Rentner". Bei dem Satz „Dieses Geld soll Rentner entlasten" kommt niemand, wirklich gar niemand auf den Gedanken, dass man hier aufgrund des Geschlechts Unterschiede machen und nur männliche Rentner entlasten könnte.

Von alledem einmal ganz abgesehen, wird es dramatischen Situationen niemals gerecht, wenn der Fokus einer Meldung durch überflüssige Beidnennung von einem wichtigen Aspekt auf einen unwichtigen verschoben wird. „Verzweifelt harren Zivilistinnen und Zivilisten in Gaza aus" – ist die Unterscheidung nach Geschlechtern hier etwa relevant? Sicher nicht. Der kritische Leser oder Hörer fühlt sich hier zu Recht nicht ernstgenommen in seiner kognitiven Kompetenz.

Nicht nur überflüssig, sondern beinahe unerträglich wird Beidnennung allerdings, wenn das

Ergebnis sprachlich dann auch noch entsetzlich falsch ist. So war in einem Online-Medium tatsächlich das Folgende zu lesen: „Kurzerhand verbannten Moderatorin Andrea Kiewel (58) und Co. die standardmäßigen Schlagerbarden aus der ZDF-Kultshow vom Mainzer Lerchenberg und ersetzten diese durch einige teils äußerst namhafte Rockröhrinnen und -röhren."

In den Online-Ausgaben der Medien artet die politisch woke Attitüde tatsächlich mehr und mehr aus, doch aus dem grammatikalisch ohnehin schon weiblichen, umgangssprachlichen Begriff „die Rockröhre" pseudogendergerecht „die Rockröhrin" zu machen, schlägt dem Fass den Boden aus. „Woke" bedeutet übrigens laut Duden „in hohem Maß politisch wach und engagiert". Leider bedeutet es nicht „in hohem Maß sprachlich wach und engagiert", sonst hätte man es einfach bei „Rockröhren" belassen. Abgesehen davon: Wenn man schon politisch so korrekt unterwegs ist, hätte man in dem genannten Beispiel dann auch konsequenterweise von „Schlagerbardinnen und -barden" sprechen müssen. Aber das wäre dann ganz sicher zu viel des Guten, nicht wahr?

Bei all dem Unfug, der im Zuge einer vermeintlich gerechten Sprachanpassung stattfindet, verursacht es dann tatsächlich wahre Glücksgefühle, wenn man plötzlich beim Hörbuchhören aus dem Munde der Protagonistin folgende Feststellung vernimmt: „Du bist hier der Profi, ich bin nur

Zuschauer." Nein, sie sagte definitiv nicht „Zu-schauerin". Selbst als Frau mit Haut und Haaren muss man also nicht ständig darauf hinweisen, dass man Frau mit Haut und Haaren ist. Das ist dann eben eine ganz eigene Form von Selbstbewusstsein. Und ganz nebenbei: Der Begriff „Profi" wird im Duden als „männliches Substantiv" aufgeführt. Offenbar gibt es keine weibliche Form davon (sonst wäre sie im Duden ganz sicher aufgelistet). Wie es aussieht, nimmt hier also jeder ganz einfach an und hin, dass mit diesem grammatikalisch männlichen Begriff auch Frauen gemeint sind. Im besagten Hörbuch ist der besagte Profi übrigens auch eine Frau.

Dass es also für manche männliche Begriffe überhaupt kein weibliches Pendant zu geben scheint, lässt den Übereifer der Verfechter von Beidnennung noch deutlicher zum Vorschein treten. Man kann also folgendes feststellen: Es ist in keiner Weise zielführend, wenn bei jeglicher Beschreibung im Zusammenhang mit Personen – völlig unabhängig davon, ob es um einen Beruf („Ärztinnen und Ärzte") geht oder um eine Handlung („Zuhörerinnen und Zuhörer") oder sogar um etwas eher Passives („Gewinnerinnen und Gewinner") – immer wieder vollkommen überflüssig die unterschiedlichen Geschlechter fokussiert werden. Welchen Mehrwert hat die Aussage „Gartenbesitzerinnen und Gartenbesitzer wissen nicht mehr, wohin mit dem ganzen Laub"? Ist sie durch die Doppelnennung „gerechter"? Nein, sie lenkt nur völlig unnötig den Fokus auf etwas in diesem Zusammenhang völlig Irrelevantes. Man sollte sich daher wirklich lösen von dieser veralteten These, das generische Maskulinum diskriminiere Frauen, weil sie dadurch allenfalls „mitgenannt" würden. Die Ergebnisse der dazugehörigen Studien wurden im Übrigen längst widerlegt. Darüber hinaus haben Linguisten wie Peter Eisenberg oder Ewa Trutkowski nachgewiesen, dass die Befürworter des Genderns einigen Fehleinschätzungen unterliegen, was offenbar zumeist an der Vermischung von Genus und Sexus liegt (vgl. auch FAZ.NET, 28.02.2018 und welt.de, 16.5.2022). Auf den Unterschied dieser beiden Merkmale wird hier später noch eingegangen werden.

Abgesehen von alledem lässt sich am Ende feststellen: Die permanente Nennung der männlichen und weiblichen Form löst das vermeintliche Problem sprachlicher Diskriminierung in keiner Weise. Denn spätestens, seit nun auch mit zunehmender Heftigkeit darüber diskutiert wird, ob oder dass es mehr als zwei Geschlechter gibt, scheint die Methode der Beidnennung hoffnungslos überholt. Jetzt hat man sich jahrelang und mit steigender Intensität vollmundig der Beseitigung einer möglichen Diskriminierung von Frauen angenommen, und schon stellt sich das nächste Problem in den Weg: Wo werden mit dieser von ihren Befürwortern als korrekt empfundenen Auflistung der männlichen und der weiblichen Form denn nun all die anderen sozialen Geschlechter angesprochen?

Und da es gerade schon um Probleme geht: Wieso überhaupt muss der Fokus so penetrant auf dem Geschlecht liegen? Es sollte um den Menschen als solchen gehen und es spaltet, wenn immer wieder und auf hartnäckige Weise nach Geschlechtern unterschieden wird. Hier werden permanent Unterschiede betont und in den Vordergrund gerückt, und das wird dem vielzitierten Anspruch auf Inklusion in keiner Weise gerecht.

Es wäre vor diesem Hintergrund so einfach, wenn das generische Maskulinum – also die in früheren Zeiten so selbstverständlich verwendete, allgemeingültige, maskuline Form – wieder als das erkannt und anerkannt werden würde, was sie tatsächlich ist: Eine durch und durch inklusive, rein grammatikalische Variante, die alle anspricht und meint und für die eigentlich keinerlei Korrektur notwendig war und ist.

Im normalen Alltag funktioniert das übrigens ohne Probleme und wie selbstverständlich. Da sitzt die Discounter-Verkäuferin an der Kasse und fragt seelenruhig jede Person, die sich ihr zum Bezahlen nähert, kurz, knapp und knackig: „App-Nutzer?" Wie erholsam, möchte man rufen, denn es spielt bei ihr einfach keine Rolle, ob die Person, die die App nutzt oder auch nicht, männlich, weiblich oder divers ist.

Als ideologisch nicht allzu belasteter Mensch fragt man sich immer wieder: Wozu das alles? Nichts wird dadurch besser! Weder wird die vielzitierte Gender Pay Gap, also die Lohnlücke zwischen Männern und Frauen, durch eine künstliche Sprache verkleinert noch werden andere Probleme geschlechtlicher Ungerechtigkeit gelöst. Die Verbreitung von Gendersprache ist ein klassisches Beispiel für einen Pyrrhussieg. Sie ist wie dick aufgetragenes Make-up – das sorgt auf den ersten Blick für Frische, doch bei genauem Hinsehen sieht es sehr unnatürlich aus und nach dem Abschminken ist da doch wieder nur blasse Haut.

Off topic: „-in" – ein Suffix auf absurdem Vormarsch

Nicht nur im Rahmen der Beidnennung bahnt sich das Suffix „-in" unbarmherzig seinen Weg. Besonders schlimm übertreiben Verfechter die Nutzung der weiblichen Sprachform schließlich, wenn es nicht mehr allein um das Angesprochen- oder Genannt-Werden geht, sondern um eine Art „erweiterte sprachliche Gerechtigkeit", unabhängig davon, ob das noch Sinn ergibt oder nicht.

Per Definition transformiert die angefügte Endung „-in" etwas Universales in etwas Weibliches. Lehrer können männlich und weiblich sein, Lehrerinnen sind per Definition weiblich. Das Suffix „-in" steht somit ausschließlich als Kennzeichnung für das biologisch weibliche Geschlecht. Anhand dieser Definition ist beispielsweise die heute im gestiegenen Bewusstsein der Geschlechtergerechtigkeit in bestimmten Kreisen verwendete Formulierung „die Verwaltung als Arbeitgeberin" oder „die Kirche als Trägerin der Einrichtung" schlicht und ergreifend falsch und diese falsche Anwendung der Endung „-in" bricht sich derzeit bedauerlicherweise immer weiter Bahn.

So erhält man in E-Mails inzwischen Werbung für eine Kamera, die als "unsichtbare Wächterin" angepriesen wird. So etwas hätte man früher niemals irgendwo gelesen, diese ganzen

"Verweiblichungen" sind erst im Zuge der sogenannten "geschlechtergerechten" Sprache entstanden. Doch eine Kamera ist keine Frau und man tut
mit dieser grammatikalisch falsch gewählten Form
noch nicht einmal etwas für vermeintliche Geschlechtergerechtigkeit.

Aufgrund dieser sprachlichen (Fehl-)Entwick-
lung sollte es inzwischen eigentlich ein ebenso großes Anliegen sein, auch einmal in eine andere Richtung für Sensibilität zu werben, nämlich in die einer
korrekten Grammatik und Semantik. Denn hier
werden Institutionen und Dinge zu biologisch
weiblichen Personen stilisiert, obwohl ihnen so gar
nichts biologisch Weibliches anhaftet – und all das
nur, weil sie den bestimmten Artikel „die" mit sich
führen. Fest steht: Institutionen und Dinge haben
kein biologisches Geschlecht. Eine Buchhandlung
hat kein biologisches Geschlecht, insofern kann sie
auch nicht „Gastgeberin" sein, wie das vor einiger
Zeit in einer Einladung so zu lesen war. Genauso
falsch ist es, wenn man „die Verbraucherzentrale
als Ansprechpartnerin" empfiehlt.

Wer die Stadt Köln als „Bauherrin, die Aus-
weichrouten benennt" bezeichnet, weist ihr ein biologisch weibliches Geschlecht zu. Das trifft zwar für
Kölns Oberbürgermeisterin zu, sicher aber nicht für
die Gesamtheit der Mitarbeiter beziehungsweise
die Institution der Stadtverwaltung, die mit „Stadt
Köln" gemeinhin beschrieben wird.

Was hier nämlich von Personen, die die Absicht verfolgen, sich einer fairen und geschlechtersensiblen Sprache zu bedienen, einfach ignoriert wird, ist der grundsätzliche Unterschied von Genus und Sexus. Stark vereinfacht handelt es sich bei Genus um das grammatikalische Geschlecht und bei Sexus um das biologische.

Wo kein biologisch weibliches Geschlecht zu finden ist, hat die Endung „-in" ganz einfach nichts zu suchen. Man fragt sich nur, wie es sein kann, dass immer mehr Mitglieder der schreibenden Zunft auf diesen Zug aufspringen, der ihr ureigenes und höchstpersönliches Metier – die deutsche Sprache – auf so ungute Weise überrollt und teilweise auf absurdeste Weise konterkariert. Warum muss man in einem Hörbuch plötzlich vernehmen: „Die Sorge war seine ständige Begleiterin"? Auch wenn es „die" Sorge heißt: Solange keine Frau mit Namen „Sorge" permanent an seiner Seite weilte, war das Gefühl der Sorge sein ständiger Begleiter. So einfach ist das. „Nur die Sonne war Zeuge" ist der deutsche Titel des Films „Plein Soleil" aus dem Jahr 1960. Damals wäre niemand auf die absurde Idee gekommen, diesen Film „Nur die Sonne war Zeugin" zu nennen. Und wenn gar im Nachgang zu einem Gerichtsprozess im Bericht einer Tageszeitung festgehalten wird, das Siebengebirge (was als „das" Gebirge sogar grammatikalisch eindeutig als sächlich definiert ist und auch ganz klar kein biologisches Geschlecht vorweisen kann) sei „Siegerin", muss man sich fragen, welche Blüten das Bedürfnis hin zu einer „gerechteren" Sprache noch treiben wird.

Ebenso falsch – sprachlich wohlbemerkt, inhaltlich wird hier nichts kommentiert – ist somit natürlich auch die in einigen Medien veröffentliche Feststellung, „es könne doch nicht sein, dass sich eine Partei als alleinige Hüterin des Klimaschutzes aufspielt." Hier wird zur Frau gemacht, was eindeutig nicht Frau ist, ebenso bei der Formulierung „die Ampelkoalition war nie Anwärterin auf einen Schönheitspreis". Mit einem generischen Maskulinum – also „Die Ampelkoalition war nie Anwärter auf einen Schönheitspreis" – wäre dies eine überaus feinsinnige Formulierung gewesen, so jedoch möchte man als sprachlich tatsächlich sensibler Mensch einfach nur noch genervt über diese Stilblüten hinweglesen. Erstaunlich ist in diesem Zusammenhang, dass noch niemand auf die Idee gekommen ist, die drei beteiligten Parteien der Ampel als „Koalitionspartnerinnen" zu bezeichnen, und das, obwohl „die" Partei grammatikalisch weiblich ist. Aber hier wird die männliche Form von jedermann problemlos anerkannt. Das verstehe, wer will.

Sprachlich falsch ist weiterhin die Aussage „Die CDU ist Siegerin der Landtagswahl", wie es in mehreren Zeitungsartikeln zur Hessenwahl zu lesen war. Richtig hingegen – in diesem Fall sowohl inhaltlich als auch sprachlich – ist die Überschrift „Die Ampel ist der große Verlierer". Zum Glück gibt es offenbar auch noch Redakteure, die sich dieser sprachlichen Feinheiten bewusst sind. Beispiele dafür finden man manchmal sogar in Medien, die allgemein gerne die Tendenz offenbaren, politisch allzu korrekt unterwegs zu sein. Selbst dort kann man dann und wann einmal einen Satz lesen wie „Die Bundesrepublik ist der größte Abnehmer türkischer Exporte".

Und auch in öffentlichen Institutionen sind nach wie vor vereinzelt Akteure zu finden, die mit der Sprache lieber richtig, als politisch korrekt umgehen. So bezeichnet sich beispielsweise die Wirtschaftsförderungs- und Entwicklungsgesellschaft einer schönen Stadt im Rheinland vollkommen berechtigt als „Ansprechpartner" und nicht etwa als „Ansprechpartnerin" für Standortfragen. Doch manchmal scheint es, als handle es sich bei diesen Akteuren um eine aussterbende Spezies – zu häufig liest man leider sprachlichen Unfug wie „die Anwaltskanzlei ist Spezialistin für Familienrecht".

Eine der schlimmsten Verfehlungen in dieser Richtung muss sich eindeutig ZDF-Reporterin Claudia Neumann vorwerfen lassen, die nach der letzten Frauenfußball-Weltmeisterschaft im Brustton der Überzeugung verkündete: Spanien ist Weltmeisterin. Der kleine, aber feine Unterschied sei an dieser Stelle noch einmal erläutert: Die Spanierinnen sind tatsächlich Weltmeisterinnen, doch das Land Spanien, für das diese Frauen angetreten sind, ist dank ihrer herausragenden Leistungen nun Weltmeister und nichts anderes.

Ein besonders schlimmes Beispiel für die falsche Verwendung des Suffix „-in" findet sich im Aufmacher eines Regenbogenblättchens, das für seine journalistische Qualität wahrlich nicht bekannt ist, anlässlich der Oscar-Verleihungen 2024. Zu sehen ist ein Foto, auf dem Margot Robbie ein tiefschwarzes Kleid trägt, was als Signal eines Abschieds von ihrem „Barbie-Image" gedeutet wird. Quittiert wird das mit der Feststellung, dass sie damit „ihre so erfolgreiche – und so eng mit ihr verknüpfte – Film-Charakterin ‚Barbie' hinter sich" lasse. „Charakterin"! Das schafft noch nicht einmal die überkorrekte Online-Variante des Dudens.

Merke nicht nur in diesem Zusammenhang: Die inflationäre Verwendung der Endung „-in" beziehungsweise „-innen" kann zu allergischen Reaktionen führen. Sie ist ein tragisches Beispiel für etwas, was in die völlig falsche Richtung geht und ein ganz klarer Fall für die Rubrik „zu viel des Guten".

Es ist schlicht fatal, dass die weibliche Form inzwischen nicht mehr ausschließlich zur sprachlichen Kennzeichnung von biologisch Weiblichem, sondern zur unbedingten Kenntlichmachung und Betonung von Gleichberechtigung wieder und wieder falsch verwendet wird.

Eine weitere Fehlerquelle ist der falsche Umgang mit dem Numerus. Manchmal lässt er den kritischsensiblen Leser gar an der geistigen Unversehrtheit besonders gewitzter Sprachkonstrukteure zweifeln. Wenn Nancy Faeser anlässlich ihres Wahlkampfes um das Ministerpräsidentenamt in Hessen als Geschenk einen Bembel mit der Aufschrift „Hessen ist Chefinnensache" erhält, stellen sich nämlich gleich mehrere existenzielle Fragen: Kann eine Frau etwa kein guter Chef sein? Müsste es nicht – wenn man schon bemüht korrekt ausschließlich die weibliche Form betonen wollte – „Chefinsache" heißen? Oder wäre am Ende Frau Faeser nur mit weiteren Frauen gemeinsam in der Lage, ein Bundesland zu führen, weshalb man hier auf den Plural zurückgegriffen hat? Auf diese Fragen wird es wohl leider keine zufriedenstellende Antwort geben.

In einer Kölner Tageszeitung war zu lesen: „Kölns früherer Polizeipräsident Jürgen Mathies soll als Ministerinnen-Berater die NRW-Flüchtlingspolitik ordnen." Das wirft auch wieder die Frage auf: Wie viele Ministerinnen sind es denn außer Josefine Paul, die da beraten werden? Und da die Antwort „keine" lautet, ist diese Wortwahl so dann leider sachlich falsch. Ganz schlimm mutet – rein sprachlich natürlich nur – auch die Forderung des RBB anlässlich des Weltfrauentages nach „mehr Frauen in Entscheiderinnenpositionen" an.

Dieser falsche Plural entsteht vermutlich durch einen fehlerhaften Rückschluss. Wenn man nämlich beispielsweise das Wort „Ministerpräsidentenamt" nimmt, so ist „Ministerpräsidenten" nicht

Nominativ Plural („die Ministerpräsidenten"), sondern Genitiv Singular, meint also das „Amt des Ministerpräsidenten". Demzufolge müsste es gendergerecht und grammatikalisch korrekt eigentlich Ministerin-Berater heißen oder Entscheiderinposition oder eben Chefinsache. Doch das klingt eckig und unelegant und natürlich nicht besser als die falschen Varianten mit der weiblichen Form im Plural. Denn die einzige Form, die hier richtig und angebracht wäre, ist ein generisches Maskulinum: Minister-Berater, Entscheiderposition, Chefsache.

Ebenfalls – aber aus anderem Grund – falsch ist der Satz „Sie ist eine der wenigen weiblichen Moderatorinnen." Weibliche Moderatorin ist eine unsinnige Doppelung, da durch die Endung „-in" schon herausgestellt ist, dass es sich um eine weibliche Person handelt, die da moderiert. Erschwerend kommt hinzu, dass es – zumindest rein biologisch gesehen – keine männlichen Moderatorinnen gibt. Richtig wäre hier demnach einzig und allein gewesen: „Sie ist eine der wenigen weiblichen Moderatoren."

Dass sich viele Redakteure über solche Feinheiten offenbar gar keine Gedanken machen, bestätigt ein Beitrag bei „tagesschau.de" (23. Oktober 2023), aus dem hier beispielhaft zitiert sei: „Ganz generell gehe es um den Anspruch der EU, auch auf internationaler Ebene eine Rolle als Brückenbauer und Friedensstifter zu besetzen." Ein paar Sätze weiter heißt es dann: „Aus der Gruppe mit den Ländern wie Spanien kommt hinter verschlossenen Türen die Warnung, dass zu viel Rückendeckung für Israel der Glaubwürdigkeit der EU als Verteidigerin des Völkerrechts schaden könne [...]". Innerhalb kürzester Zeit wird die EU hier sowohl generisch männlich („Brückenbauer", „Friedensstifter") als auch spezifisch weiblich („Verteidigerin") definiert. Leider liest man solche Unsauberkeiten immer häufiger und man stellt sich zwangsläufig die Frage: Wozu gibt es noch ein grammatikalisches Regelwerk, wenn eh alles offenbar locker und flockig nach persönlichem Empfinden ausgelegt wird?

Doch auch an anderer Stelle wird das Suffix „-in" auf einer Solidaritätswelle von Geschlechtergerechtigkeitsbedürfnis öffentlichkeitswirksam in den Vordergrund gespült – zu gut gemeint, zu schlecht gemacht. So verzichtete zwar Louis Klamroth bei seiner Premiere als Moderator von „Hart aber fair" auf sein in früherer Zeit schon einmal präsentiertes gendergerechtes Sprechen mit Glottischlag (Sprechpause, die bei der Nutzung von Gendersonderzeichen entsteht), brachte es aber stattdessen fertig, die Ökonomin Monika Schnitzer als „Wirtschaftsweisin" anzusprechen. „Wirtschaftsweise" ist aber nun einmal ein feststehender Begriff, welcher das Adjektiv „weise" enthält. Würde man nun dieses Adjektiv allein substantivieren wollen, müsste es „der Weise" oder „die Weise" oder auch „ein Weiser" oder „eine Weise" heißen, niemals aber „Weisin".

Die Formulierung „die Weisin" ist ebenso überflüssig und vor allem grammatikalisch falsch wie es zum Beispiel „die Krankin" wäre. Und apropos „krank", auch wenn das hier ein wenig aus dem Zusammenhang gerissen ist: Ebenso falsch war auch der entsetzliche Begriff „Krankenschwesterin", der tatsächlich eine Zeitlang in den Gazetten kursierte.

Es ist erschreckend, wie fahrlässig inzwischen mit der deutschen Sprache umgegangen wird, vor allem vielfach von denen, deren tägliches Brot sie ist, von Menschen, die eigentlich ein Gefühl für sie besitzen müssten. Zugunsten einer prominent zur Schau gestellten Haltung werden Stil, Raffinesse und Detailtreue aber leider lieber mit Füßen getreten. Das ist die traurige Erkenntnis, die sich wieder und wieder durchsetzt.

Sterne, Unterstriche und Doppelpunkte

Zwischenzeitlich hat das Argument der angestrebten Sichtbarkeit von Frauen, wie bereits kurz erwähnt, eine ernstzunehmende Konkurrenz bekommen und man darf sich zu Recht fragen, worum es beim sprachlichen Gendern zum aktuellen Zeitpunkt eigentlich tatsächlich noch gehen soll. Denn ebenfalls Anspruch auf eine deutlichere Sichtbarkeit melden seit längerer Zeit Vertreter einer weiteren Personengruppe, nämlich der Queer-Bewegung, an. Sie legen Wert darauf, dass auch nicht binäre Menschen und Transpersonen, also alle, die sich nicht ausschließlich oder nicht mehr oder gar nicht als männlich oder weiblich definieren, durch sensible Sprache angesprochen werden. Hierfür haben sie bestimmte Sonderzeichen ins Spiel gebracht.

Das stürzt so manchen mit der Sprache Befassten in ein Dilemma, denn, je nachdem, für welche Form des Genderns man sich entscheidet, gibt man der Intention der jeweils anderen Genderform einen unschönen Korb. Will man nämlich „Personen jeglichen Geschlechts" ansprechen, fällt die Beidnennung als Möglichkeit „gerechter" Sprache streng genommen sofort weg. Daher sind besonders Engagierte dazu übergegangen, Gendersternchen, Unterstriche oder Doppelpunkte, jeweils in Kombination mit „-innen" oder auch im Singular mit „-in" zu verwenden. Auch das Binnen-I der sprachfeministischen Anfänge kommt teilweise wieder zum Einsatz.

Allerdings stoßen Redakteure, Politiker und alle anderen, die politisch korrekt sprechen, hierbei nicht selten an ihre Grenzen, weil es im Deutschen beispielsweise so etwas Kompliziertes wie die unterschiedlichen Fälle gibt, bei denen sich die begleitenden bestimmten oder unbestimmten Artikel und auch der Satzbau den gegenderten Begriffen nicht ohne Weiteres anpassen lassen.

Sternchen, Unterstriche und Doppelpunkte sind bei Gendersprache-Befürwortern sehr en vogue. Doch was bitte soll man von einer Nachricht wie dieser halten: „Tausende Französ:innen haben nach der Entscheidung von Emmanuel Macron im ganzen Land protestiert." Was sind Französ: oder Französ nochmal gleich? Und wo sind die protestierenden Franzosen abgeblieben? Haben sie am Ende gar nicht mit protestiert? Ebenso unverständlich kommt ein Satz in der folgenden Anzeige daher: „Unsere talentierten Köch:innen zaubern mit Leidenschaft und Kreativität unvergessliche Geschmackserlebnisse aus aller Welt auf die Teller." Da verderben die „Köch:innen" den Brei, der so verlockend daherkommen könnte, wäre er nicht gewollt geschlechtsneutral formuliert. Was bitte sind „Köch"? Oder „Köch:"? Man stellt nun zwar fest, dass es Wörter, die auf „-er" enden, leichter haben, wenn man sie um ein „*innen" oder „:innen" oder „_innen" ergänzt, weil dabei wenigstens auch die männliche Form erhalten bleibt. Besser macht es das insgesamt aber trotzdem nicht.

Denn es gibt inzwischen auch wissenschaftliche Erkenntnisse, dass bei Verwendung von Gendersonderzeichen häufiger an Frauen gedacht wird (Körner et al., 2022). Das ist dann auch nicht wirklich „gerecht". Darüber hinaus sind Gendersonderzeichen nicht barrierefrei. Sehbehinderte werden durch das veränderte Schriftbild und Hörbehinderte durch das Sprechen mit Glottischlag vor große Probleme gestellt. Der Deutsche Blinden- und Sehbehindertenverband e.V. hat sich daher bereits eindeutig gegen diese Form „gendergerechter" Sprache ausgesprochen. Und davon abgesehen gibt es schließlich unterschiedliche Erkenntnisse, denen zufolge sprachliches Gendern nur sehr geringe Effekte hat. Daher sollte man sich wirklich fragen, wie sinnvoll es ist, mit so großem Aufwand und so hohen Kollateralschäden eine Sprache auf den Kopf zu stellen, damit ein paar wenige sich in ihr etwas mehr abgebildet finden.

Als traurige Krönung im Zusammenhang mit Gendersonderzeichen kann wohl die Posse rund um das Getränk „Berliner Luft" betrachtet werden. Ursprünglich dürfte dieser Begriff aus einem alten Operettenstück von Paul Lincke – „Das ist die Berliner Luft" – entliehen sein. In diesem wird die Luft „mit dem gewissen Duft" besungen, die es angeblich in der Hauptstadt zu schnuppern und zu atmen gibt. Da der Likör dank seiner intensiven

Pfefferminznote durch eine gewisse Frische besticht, lässt das einen Rückschluss auf die mögliche Intention desjenigen zu, der ihm seinen Namen gegeben hat. Umso weniger begreiflich ist, warum ein so originell gewählter Eigenname nun einer politisch korrekten Variante weichen musste – wenngleich zum Glück nur temporär. Denn plötzlich war auf dem Etikett der Flaschen in bestimmten Chargen der Aufdruck „Berliner*innen Luft" zu lesen. Zusätzlich abgebildet war darauf das Brandenburger Tor in Regenbogenfarben. Damit wolle man für Toleranz und Offenheit werben, war in bestimmten Medien zu lesen. Doch ebenso verlautete, der Spirituosenhersteller wolle eigentlich nur die permanente Debatte um das Gendern im Zuge dieser Marketing-Aktion für sich und seinen Umsatz nutzen.

Was letztendlich tatsächlich dahinter steckte, sei dahingestellt. Man fragt sich jedoch, inwieweit man an verantwortlicher Stelle nicht verstanden oder womöglich nur ausgeblendet hat, dass mit der Formulierung „Berliner*innen Luft" gar nicht wirklich „gegendert" wurde. Denn Gendern mit „*innen" geschieht nur dann, wenn die Endung an eine männliche Stammform angehängt wird. Mit der „Berliner Luft" hingegen wird die Luft der Stadt Berlin (umgangssprachlich also „die Luft von Berlin" oder eben „die Luft Berlins") umschrieben und nicht etwa die Luft ihrer Bewohner (weder der männlichen noch der weiblichen, also mitnichten die „Luft der Berliner"). Möglicherweise ist diese

Herangehensweise aber wirklich auch zu ernsthaft und grenzt an Erbsenzählerei.

Wie auch immer: Durch die vielen verschiedenen Intentionen passiert es nicht selten, dass gegenderte Texte mitunter als wildes Sammelsurium unterschiedlicher Sprachformen daherkommen und dadurch häufig an Eindeutigkeit und Verständlichkeit einbüßen. Offenbar um das zu umgehen, sind einige Befürworter gegenderter Sprache schließlich dazu übergegangen, nach neutralen Formulierungen zu suchen. Das jedoch läuft dann eigentlich konträr zu der ursprünglichen Intention des „Sichtbarmachens", denn durch solche bewusst neutralen Formulierungen macht man das Geschlecht nun eher unsichtbar.

Da drängt sich doch fast automatisch die Frage auf: Worum geht es denn jetzt eigentlich? Ist Sichtbarmachung das erklärte Ziel oder Unsichtbarmachung? Neutral ist sicher besser und unverfänglicher, wird sich so mancher gedacht haben, als er sich schließlich eine weitere angebotene Möglichkeit aus dem „Gendern-leicht-gemacht-Repertoire" angeeignet hat: das Partizip als Lösung aller vermeintlich geschlechterungerechten Formulierungsprobleme. Hierauf wird das nächste Kapitel näher eingehen.

Doch bereits bis hierhin lässt sich eindeutig zusammenfassen, dass all dies eigentlich nur „zu viel des Guten" sein kann. Und dass es sich dabei nicht wirklich um „Gutes" handelt, wird im Laufe der nächsten Seiten noch deutlicher. Die Floskel „zu viel des Guten" dokumentiert also lediglich das Übermaß, mit dem Eiferer, Nachahmer und Mitläufer die Intention einer „gerechten" Sprache vorantreiben, ausgestalten oder ihr zuweilen auch nur hinterherlaufen.

Sprachlich und grammatikalisch in den meisten Fällen falsch: Mit Partizipien gendern

Man könnte das Partizip als Gendervariante nutzen und damit geschlechtsneutral formulieren. Mit dieser zündenden Idee schlug zum Beispiel die Geburtsstunde des Begriffes „Studierende". Er wird inzwischen sehr häufig, jedoch in fast allen Fällen falsch verwendet. Das Partizip ist dazu da, auszudrücken, dass jemand etwas in diesem Moment tut. Wenn ein Student mit Freunden in der Kneipe feiert, was der Erinnerung und dem Vernehmen nach nicht selten vorkommt, trinkt er in diesem Moment ein Bier, singt oder macht sonst etwas, aber er studiert nicht. In diesem Moment ist er sehr wohl ein Student, aber eben kein Studierender. Noch deutlicher wird der Unterschied, wenn man sich „verstorbene Studierende" vorstellt. Sie sind bedauerlicherweise bereits tot und studieren demnach ganz sicher nicht mehr, können also keine Studierenden sein. Dennoch sind sie in diesem Zustand per Status Studenten.

Doch hat man sich inzwischen aufgrund der permanenten Dauerberieselung beinahe schon zähneknirschend an die Umschreibung „Studierende" gewöhnt, sind es Konstruktionen wie „zu Fuß Gehende", „Radfahrende", „Schauspielende" oder „Teilnehmende", die sprachlich (tatsächlich) sensiblen Menschen die Tränen in die Augen treiben. Vollkommen ignoriert wurde bei der Umwidmung dieser ehemals eleganten sprachlichen Lösung zudem die Frage, wie man die Kombination mit echten Partizipien zu bewältigen gedenkt. Um dies einmal an einem Beispiel zu erörtern: Es geht um die beiden angehenden Juristen Peter und Paula, die mit dem Fahrrad zu einer Veranstaltung fahren. Hier müsste bei „geschlechtergerechter" Schreibweise und Formulierung dringend geklärt werden, ob Peter und Paula nun studierende, Rad fahrende Teilnehmende der Veranstaltung sind oder ob es sich bei ihnen doch um Rad fahrende, teilnehmende Studierende handelt oder gar um studierende, teilnehmende Radfahrende. Auch für Befremdung sorgt es bei Menschen mit gesundem Sprachempfinden, wenn – ähnlich wie bei den verstorbenen Studierenden – von „verstorbenen Radfahrenden" die Rede ist. Diese Vorstellung hat schon etwas Gruseliges und befeuert Zombie-Fantasien.

Vergleichbare sprachliche Katastrophen aufgrund politisch korrekter Motiviertheit finden sich auch und besonders im Behördenbereich. Da enthalten dann Rundschreiben auch schon einmal folgende verwirrende Mitteilung: „Alle Mitarbeitenden sind verpflichtet, für das von ihr/ihm genutzte Dienstfahrzeug ein Fahrtenbuch zu führen. Datum, Dauer des Dienstgeschäfts, Reiseziel, Anlass des Dienstgeschäfts, Uhrzeiten Beginn und Ende des Dienstgeschäfts, Angabe der gefahrenen Kilometer, Name, Unterschrift, Dienststelle/Amt ist von der jeweiligen Fahrzeugführerin/dem jeweiligen

Fahrzeugführer einzutragen (und nur von dieser Person)."

Abgesehen davon, dass man in dieser schönen Ankündigung die Formulierung „von den jeweiligen Fahrzeugführenden" fast schon schmerzlich vermisst, nachdem man schon von den „Mitarbeitenden" lesen durfte (musste), ist es hier ja nicht damit getan, einfach nur die Personenbezeichnungen genderneutral zu formulieren. Wer wirklich geschlechtergerecht unterwegs ist, muss dann natürlich auch die jeweiligen Artikel und Pronomen anpassen, selbst wenn sich das dann äußerst unelegant liest oder im Falle eines Vortrags akustisch eigentlich nicht mehr zu verstehen ist.

Und was für einen Albtraum beschert einem sprachaffinen Menschen folgender Satz einer Pressemitteilung: „Studierende und Hochschulabsolventinnen und -absolventen können potenzielle Arbeitgebende aus der Region kennenlernen." Offenbar hat hier das Sprachgefühl immerhin ausgereicht für die Erkenntnis, dass „Hochschulabsolvierende" trotz aller Vorliebe für geschlechtsneutral verwendete Partizipien nun wirklich nicht zutreffend sein kann, weil die gemeinten Personen eben nicht mehr dabei sind, sich den Lehrinhalten zu widmen, sondern dies als „Hochschulabsolventen" bereits hinter sich gebracht haben. Sprachlich vernünftig oder gar richtig wird dieser Satz dadurch aber leider dennoch nicht.

Fast schon legendär im Zusammenhang mit schrecklichen Partizipien ist der Ausspruch Jürgen von der Lippes: „Der Bäcker ist ein Backender, wenn er in der Backstube steht. Wenn er auf dem Klo sitzt, dann nicht mehr." Mehr muss dazu eigentlich nicht gesagt werden. Gerechtigkeit in allen Ehren, aber die sollte selbstverständlich auch der deutschen Sprache widerfahren.

Wer nichts Böses ahnend Nachrichten im Fernsehen sieht und hört und dann auf einmal mit einem „Verehrte Zusehendenschaft" konfrontiert ist, riskiert, wahlweise vor Lachen oder vor Entsetzen die eigentliche Nachricht kaum mehr wahrnehmen zu können. Nur mit viel Glück erreicht man nach dieser Schrecksekunde wieder den Zustand vollständiger Konzentration.

Konzentration – das ist ohnehin so ein Punkt: Wenn beispielsweise in einer Pressenachricht in der Überschrift (vermutlich aus Platzgründen) der Begriff „Studenten-WG" zu lesen ist, im Text aber von Studierendenwerk, von Studentinnen und Studenten und von Studierenden die Rede ist, kann man nur hoffen, dass die Lesenden oder Leserinnen und Leser allesamt Muttersprechende oder Muttersprachlerinnen und Muttersprachler sind. Denn nur dann besteht die Chance, dass sie sich von diesem verbalen Wildwuchs nicht irritieren lassen, sondern sich aller verwirrenden Formulierungen zum Trotz dennoch auf den übermittelten Inhalt konzentrieren können. Mit dieser Fähigkeit

ausgestattet verstehen sie vielleicht auch den tiefe-
ren Sinn hinter folgender Nachricht: „Ein Student
hatte am Montag mehrfach auf Studierende ge-
schossen."

Ebenso bleiben Nutzer der Partizip-Gendervari-
ante gerne die Erklärung schuldig, warum sie zwar
im sportlichen Bereich von „Übungsleitenden"
sprechen, deren Lizenz jedoch „Übungsleiter-
schein" heißt; oder warum man sich vermeintlich
fortschrittlich der Bezeichnung „die Arbeitgeben-
den" bedient, aber weiterhin vom „Arbeitgeberan-
teil" die Rede ist.

Gerade in den Sendern des öffentlich-rechtlichen
Rundfunks wird sehr gerne auch von „Forschen-
den" statt von „Forschern" gesprochen. „Forschende" sind Wissenschaftler jedoch nur, wenn sie
sich gerade mit Studien, Proben, Auswertungen
und ähnlichem beschäftigen – nicht jedoch, wenn
sie sich ein Brötchen schmieren oder sich dem
Hausputz widmen. Dann sind sie jedoch immer
noch Forscher – das ist schließlich ihr Beruf und
manchmal sogar ihre Berufung.

Es ist überaus bedauerlich, wie häufig dieser falsche Ansatz inzwischen ganz selbstverständlich akzeptiert und umgesetzt wird. Doch es gibt zum
Glück auch genügend Hinweise, dass diese Form
der „geschlechtergerechten" Schreiberei nicht wirklich auf Gegenliebe stößt. Vielfach lässt sich das in
den sozialen Medien verfolgen. Da wurde beispielsweise vom Account „WDR Lokalzeit" vermeldet,

dass es am Essener Hauptbahnhof gelungen sei, einen Welpenhändler zu stoppen: „Zum Glück haben die Mitarbeitenden am Essener Hauptbahnhof ein wachsames Auge gehabt." Das sehen sehr viele Nutzer genauso. Allerdings antworten sie darauf überwiegend mit Kommentaren wie „Danke, dass die Mitarbeiter so aufmerksam waren", „Dank an die aufmerksamen Mitarbeiter, die das verhindern konnten", „einen großen Dank an die Mitarbeiter" und so weiter. Das lässt Rückschlüsse zu, dass viele der Nutzer sehr tierlieb sind, mit „gendergerechter" Sprache aber nichts am Hut haben.

Möglicherweise liegt dies an der Tatsache, welche verrückten Ausmaße diese konstruierte Sprache teilweise annimmt, so zum Beispiel bei der Beschreibung einer Schulsituation, die vor einiger Zeit in einer Tageszeitung veröffentlicht wurde: „In den wöchentlichen Stunden sind deshalb die Schüler am Ruder. Die Lehrenden sind hier Lernbegleiter, sie beraten und unterstützen bei Bedarf." Hier wird wild und ohne Sinn und Verstand gemischt („die Schüler" = generisches Maskulinum, „die Lehrenden" = falsches Partizip, wenn sie zu Hause ihr Mittagessen kochen, sind sie keine Lehrenden, „Lernbegleiter" = wieder generisches Maskulinum), und wer als Nicht-Muttersprachler diesen Satz liest, könnte tatsächlich mit gewissen Verständnisproblemen zu kämpfen haben. Abgesehen davon scheinen einige „Lehrende" zu sehr mit der Beratung und zu wenig mit dem Lehren beschäftigt gewesen zu sein – diesen Rückschluss lassen zumindest die letzten Ergebnisse der PISA-Studie zu. Doch das soll hier nicht das Thema sein.

Sehr lustig ist auch die Bezeichnung „der Verkehrspendelnde" – hier stellt sich dem aufmerksamen Leser die Frage, ob das vielleicht esoterisch konnotiert sein und wie das in diesem Fall vonstattengehen könnte. Nicht nur sprachlich ungut, sondern auch sachlich einfach falsch ist folgender Teaser einer Tageszeitung in ihrer Online-Ausgabe: „Rund 600 Studierende haben ihren Abschluss gefeiert." Hier muss man sich fragen: Lauter Genies? Denn wie kann es sein, dass sie (noch) studierend sind und dennoch bereits ihren Abschluss feiern? Wieder einmal ein Fall von falscher Grammatik!

Leider gibt es aber inzwischen auch Menschen jenseits der Medien, die begeistert auf dieser Welle falscher Grammatik mitsurfen. So wurde zum Beispiel in einer lokalen Tageszeitung ein Leserbrief veröffentlicht, in dem folgender Satz zu lesen war: „Ich auf jeden Fall freue mich sehr auf […] das gute Gefühl, keinen Autofahrenden im Nacken sitzen zu haben." Mit Sicherheit hat diesen Leser auch das gute Gefühl beglückt, sich mit der Verwendung des Begriffes „Autofahrenden" politisch korrekt artikuliert zu haben. Und sicher wäre es einer schlimmen Desillusionierung gleichgekommen, hätte man ihm nun erklärt, dass er mit dem Singular in seiner gewagten Partizip-Konstruktion doch nur wieder ein generisches Maskulinum gewählt hat. Mit Blick auf

„Gerechtigkeit" hätte er natürlich „keinen Autofahrenden und keine Autofahrende" schreiben müssen. Also hätte er es auch gleich beim „Autofahrer" belassen oder sich mit dem Plural „keine Autofahrenden" geschickt aus der Affäre ziehen können. Wobei „Autofahrende vor einer roten Ampel" sicher ein schlimmes Verkehrschaos provozieren könnten im Gegensatz zu „Autofahrern vor einer roten Ampel"… aber geschenkt.

Folgende Schlagzeile machte unlängst kritische Leser ein wenig fassungslos: „Weniger Zuschauende haben 2023 ‚Tatort' geschaut." Die Tatsache als solche ist rein statistischer Natur, fassungslos macht hier vielmehr das in bester Absicht gewählte, aber in diesem Kontext vollkommen falsche Partizip. Diese grammatikalische Form – auch Verlaufsform genannt – ist ausschließlich dann angebracht, wenn eine Handlung oder ein Geschehen gerade abläuft. Das Zuschauen hat jedoch in der Vergangenheit bereits stattgefunden, wenn man eine statistische Erhebung darüber macht. Daher müsste es – grammatikalisch zumindest zeitlich korrekt, aber sprachlich undenkbar – in diesem Fall eigentlich „Zugeschaut-Habende" heißen. Der generisch maskuline Begriff „Zuschauer" wäre hier vermutlich zu einfach gewesen, obwohl natürlich gleichzeitig ganz selbstverständlich von „Zuschauerzahlen" gesprochen wird.

Besonders interessant wird das Ganze jedoch, wenn bei Übersetzungen aus dem Englischen ins

Deutsche auf einmal vollkommen unpassend ein „gendergerechtes" Partizip erscheint. So zum Beispiel geschehen in einem Bericht über einen Vorfall, der sich zwar im englischsprachigen Ausland ereignet hat, über den aber auch einige deutsche Gazetten berichteten: Da hatte eine Frau in einem Flugzeug kurzerhand alle an Bord vorhandenen Nusspackungen aufgekauft, um zu verhindern, dass jemand anderes Nüsse kaufen und womöglich verzehren konnte. Der Grund dafür war die starke Nussallergie der Frau sowie die Weigerung der Fluggesellschaft, der Bitte der Frau nachzukommen und die Nüsse vorsichtshalber aus dem Verkauf zu nehmen. Zitiert wird sie schließlich im Artikel eines deutschen Magazins folgendermaßen: „Die Flugbegleitenden sahen mich ausdruckslos an, als ob ich verrückt wäre." Selbstverständlich hat die Engländerin in ihren Ausführungen nicht das sprachlich falsche Partizip gewählt. Im Originalzitat war nachweislich die Rede von „cabin crew". Man kann also davon ausgehen, dass der Ausdruck „die Flugbegleitenden" in diesem Zusammenhang nicht nur schlecht übersetzt, sondern offenbar auch noch politisch motiviert gewählt wurde. Wie so häufig: Ein Schelm, wer Böses dabei denkt.

Nach dieser Zusammenfassung der unterschiedlichen Ansätze von Gendersprache soll es im Folgenden um Schwierigkeiten und Probleme gehen, die durch die Nutzung dieser künstlichen Sprachformen entstehen.

Das Problem der Inkonsequenz

Anlässlich des Beethovenfestes 2023 hat die DHL-Group einen Flyer (neudeutsch für „ein Flugblatt") herausgegeben, der sich in vermutlich bester Absicht vollkommen inklusiv an jede erdenkliche Geschlechtsform richten sollte. Dafür wurde jede nur denkbare Variante des Genderns genutzt, zwischendurch jedoch an einigen Stellen offenbar vergessen. Bereits im Vorwort können „Musikbegeisterte" (an dieser Anrede ist übrigens tatsächlich rein gar nichts auszusetzen) erfahren, dass sie von „erstklassigen Musiker:innen" aus der ganzen Welt erwartet werden. Auf der nächsten Seite ist zu lesen, dass es darum gehe, „junge Konzertbesucher für das Thema Umwelt zu begeistern". Hier müsste sich gendersensiblen Menschen dann eigentlich die Frage stellen, ob sich junge Konzertbesucherinnen nicht für das Thema begeistern sollen. Eine Spalte später ist schließlich von „Studierenden der Hochschule Frankfurt" die Rede. An diesem Punkt hat man sich sicher wieder daran erinnert, dass dieses Flugblatt alle nur denkbaren Geschlechter ansprechen soll. Daher kündigt es wohl auf der nächsten Seite auch „Musiker:innen des Afghanistan National Institute of Music" an. Doch in diesem Kontext mutet es seltsam an, dass plötzlich im Innenteil des Flyers „lokale Künstler" vorgestellt werden (den Namen nach sowohl männliche als auch weibliche), auf der Rückseite dann aber wieder von „Bonner

Künstler:innen" die Rede ist. Und wie bedauerlich ist es schlussendlich, dass in diesem sprachlich wild gemischten Sammelsurium, das aber in Gesamtheit wirklich sehr „geschlechtergerecht" anmutet, offenbar niemand die „Musik für Streicher*innen", sondern nur „Musik für Streicher" auf dem Schirm hatte. Ein unverzeihliches Versäumnis vor dem Hintergrund, dass es sowohl biologisch weibliche Musiker gibt, die ein Streichinstrument spielen, als auch grammatikalisch weibliche Streichinstrumente wie die Violine. Wer hier Spuren von Ironie findet, darf sie übrigens behalten. All dies soll letztlich nur als einführendes Beispiel für das Problem der Inkonsequenz dienen.

Wer sich für Gendersprache so stark macht, wie progressiv auftretende Menschen dies üblicherweise tun, dem kann grundsätzlich eigentlich nicht daran gelegen sein, dass sie nur ab und an Anwendung findet. Von einer neuen sprachlichen Normalität könnte schließlich nur dann die Rede sein, wenn Gendersprache omnipräsent daherkäme, breite Akzeptanz fände und schließlich wirklich jedem wie selbstverständlich in Fleisch und Blut übergegangen wäre.

Auffällig ist hier allerdings, dass zwar bereits seit langer Zeit versucht wird, eine solche neue Normalität zu erreichen, dass jedoch die Probleme der jüngeren Vergangenheit (so beispielsweise hinsichtlich der beruflichen Gerechtigkeit zwischen Männern und Frauen), zu deren Lösung auch die

Etablierung von Gendersprache beitragen sollte, nach wie vor vorhanden sind. Zumindest aber ist keine nennenswerte Verbesserung festzustellen, die auf sprachliche Veränderungen zurückzuführen wäre. Wenn man dem nun auch noch gegenübergestellt, welche bahnbrechenden Erfolge Frauen in den Jahrzehnten zuvor – zum Beispiel bereits zu Beginn des 20. Jahrhunderts, Stichwort „Frauenwahlrecht" – im Kampf um Gleichberechtigung erzielen konnten, kommt man sehr schnell zu dem Ergebnis, dass all dies völlig ohne korrigierende Eingriffe in die Sprache vonstattengehen konnte.

Doch zurück zum Thema Konsequenz beziehungsweise Inkonsequenz. Fakt ist, dass es bei der Intention einer „geschlechtergerechten" Sprache definitiv nicht im Sinne der Erfindung sein kann, ab und an oder hier und da mal ein bisschen zu gendern. Dann könnte man es nämlich auch gleich sein lassen. Allerdings muss man bei genauer Betrachtung schließlich feststellen, dass sich Gendersprache tatsächlich aus unterschiedlichen Gründen gar nicht in aller Konsequenz und vollständig anwenden lässt.

Einer der Gründe ist, dass der Text- oder Lesefluss bei permanenter Nutzung von Gendersprache unangenehm unterbrochen wird, was viele offensichtlich nicht in Kauf nehmen möchten. Das könnte eine mögliche Erklärung sein, wenn beispielsweise in einem Kommentar in einer Tageszeitung eingangs von den „Bonnerinnen und

Bonnern" gesprochen wird, die laut einer repräsentativen Umfrage mehrheitlich für die Verkehrswende seien, unmittelbar danach jedoch gleich wieder zu Formulierungen mit generischem Maskulinum gegriffen wird. Denn im Folgenden ist die Rede von „Kunden" und „Pflegeklienten" und es wird die Situation der „Autobesitzer" beleuchtet. Da drängt sich der Verdacht auf, dass man sich hier, um guten Willen zu zeigen, einmalig an das Sprachgerechtigkeitsgebot gehalten hat, dieses eine Mal dann aber bitte auch genügen sollte, weil es andernfalls mit „Kundinnen und Kunden", „Pflegeklientinnen und Pflegeklienten" sowie „Autobesitzerinnen und Autobesitzern" dann doch schnell wieder schwer bis unerträglich lesbar würde. Und ja, diese Intention ist absolut nachvollziehbar.

Ebenso ist es bei folgendem Satz, der in einer politisch überaus korrekten Tageszeitung zu lesen war: „Die australischen Wählerinnen und Wähler lehnen mehr Mitspracherecht für die Ureinwohner ab." Bei dieser Formulierung müsste man sich nach gendergerechter Lesart eigentlich die Frage stellen, ob es eventuell nur männliche Ureinwohner gibt, was natürlich allein schon evolutionstechnisch gar nicht möglich ist. Weiter geht es hingegen in dem besagten Artikel dann folgendermaßen: „[…] Beim historischen „Voice"-Referendum sprach sich am Samstag eine klare Mehrheit der Teilnehmer und Teilnehmerinnen gegen das Vorhaben aus, den Aborigines eine in der Verfassung verankerte

Mitsprache im Parlament einzuräumen." Wer dem Verfasser hier Böses wollte, könnte ihm – weil sein Bewusstsein für politische Korrektheit offenbar nicht für die gegenderte Form „Ureinwohnerinnen und Ureinwohner" ausreicht und er stattdessen nur die Geschlechter innerhalb der Wählerschaft benennt – im schlimmsten Fall Rassismus vorwerfen.

Doch unabhängig davon ist eben auch in diesem Fall „ein bisschen gendern" ziemlich unsinnig. Ein bisschen geschlechtergerecht ist fast wie „ein bisschen schwanger". Gibt's nicht! Entweder ganz oder gar nicht. Denn wozu gendern, wenn man es nicht durchgängig macht? Wer aus Überzeugung gendert, also „gerechte" Sprache verwendet, kann eigentlich nicht beliebig auf das generische Maskulinum zurückgreifen und damit – wie immer noch und immer wieder kolportiert wird – in vollem Bewusstsein „ungerecht" formulieren. Mit einer solchen Inkonsequenz führt sich jeder Verfasser, der offiziell um gendergerechte Sprache bemüht ist, selbst ad absurdum.

Wer gendert, sagt „Demonstrierende" statt „Demonstranten". Wenn danach im gleichen Absatz jedoch von „Polizisten" die Rede ist, muss man – laut Genderverständnis – davon ausgehen, dass nur männliche Polizeibeamte vor Ort waren. Waren – was sehr wahrscheinlich ist – aber auch Frauen mit im Einsatz, stellt sich die Frage, ob diese nun einfach versehentlich oder aber mutwillig unterschlagen wurden. So oder so wäre das definitiv gar nicht gerecht.

Sehr unglaubwürdig wirkt Gendersprache auf der Homepage der Seite „Ärzte ohne Grenzen". So wertvoll die Arbeit ist, die dort geleistet wird, so fraglich liest sich die Beschreibung: „Ärzte ohne Grenzen ist eine private internationale Organisation. Die meisten Mitarbeiter*innen sind Ärzt*innen und Pflegekräfte, in unseren Projekten sind aber auch Vertreter*innen zahlreicher anderer Berufe tätig." Wo bitte sind bei diesen Ausführungen die Ärzte, die Teil des Organisationsnamens sind? Welcher Intention ist mit solcher Inkonsequenz gedient? Und womit bitte begründet man diese rein deutschen Sonderzeichen, während man gleichzeitig offenbar Wert auf Internationalität legt? Gendersprache wirft hier wie so oft Fragen auf, die sich ohne ihre Nutzung nicht stellen würden.

Noch problematischer gestaltet sich sprachliches Gendern bei zusammengesetzten Wörtern. Hier bedarf es einer wirklich starken inneren Überzeugung, wenn diese ausdrücklich geschlechtergerecht formuliert werden sollen. Das Bürgergeld oder der Wählerwille beispielsweise würden in einem solchen Fall zu „Geld für Bürgerinnen und Bürger" oder „Bürger*innengeld" beziehungsweise zum „Willen der Wählerinnen und Wähler" oder „Willen der Wählenden" (was natürlich wieder grammatikalisch falsch wäre, weil mit „Wähler" eine Person gemeint ist, die wahlberechtigt ist, wohingegen „Wählender" jemand ist, der gerade in diesem Moment seinen Wahlzettel ausfüllt und in die Urne steckt). Das könnte man natürlich so sagen, doch es macht Sätze unnötig lang, unnötig schwer verständlich, unnötig auf Geschlechter fixiert. Und bevor man sich die Blöße gibt, aus „Schuldnerberatung" eine „Beratungsstelle für Schuldnerinnen und Schuldner" zu machen, belässt man es offenbar auch in geschlechtergerecht sprechenden Kreisen doch meistens beim gewachsenen Begriff, verhält sich dadurch aber eben sprachlich inkonsequent.

Natürlich gibt es auch Personen, die ohne mit der Wimper zu zucken zusammengesetzte Begriffe gendern. Denen ist die Sprachqualität offenbar vollkommen egal, solange nur die richtige Haltung gezeigt wird. Doch diese Menschen müssen dann damit leben, dass so etwas nicht uneingeschränkt auf Gegenliebe stößt. So fand beispielsweise in einem sozialen Medium ein Interview mit einer Oberbürgermeisterin, die darin mit Nachdruck wieder und wieder vom „Bürgermeister:innenwahlkampf" gesprochen hatte, aus eben diesem Grund nicht wirklich Zustimmung. Vielmehr wurde ihr in diversen Kommentaren äußerst ironisch begegnet mit dem Hinweis, sie habe gar nicht richtig gegendert, das müsse doch eigentlich „Bürger:innenmeister:innenwahlkampf" heißen. Schade um mögliche Inhalte, kann man da nur sagen, wenn man sich so sehr in diese künstliche Sprachform verbeißt, dass alles andere dafür in den Hintergrund tritt.

In einem Zeitungsartikel war übrigens vor einiger Zeit zu lesen, dass für ein besonderes Projekt hinsichtlich gesundheitlicher Langzeitfolgen von SED-Unrecht noch „Teilnehmer" gesucht werden. Da das Medium, in dem der Artikel veröffentlicht wurde, normalerweise überaus geschlechtergerecht unterwegs ist, verwunderte es fast schon ein wenig, dass hier nicht der inzwischen in bestimmten Kreisen auch recht angesagte Begriff „Teilnehmende" gewählt wurde. Ein brutaler Fall von Inkonsequenz? Aber nein, vielleicht hat man dort ausnahmsweise schon vorab erkannt, dass ein Partizip Präsens (teilnehmend, die Teilnehmenden) schlicht falsch gewesen wäre. Denn in diesem Kontext ist es ja so, dass noch gesucht wird – die Teilnahme ist also etwas, das in der Zukunft stattfinden wird. Man müsste also als überzeugt gendernder Mensch theoretisch auf die Kunstform „Teilnehmen-Werdende" zurückgreifen. Das war dann wohl selbst den eifrigsten Überzeugungstätern zu viel des Guten.

Es ist übrigens gar nicht so selten, dass Gendersprache eher halbherzig und gewollt daherkommt. Kein Wunder eigentlich: Wie bereits angedeutet, ist es kaum möglich, sie konsequent durchzuhalten, ohne inhaltliche Kollateralschäden in Kauf zu nehmen. Letztlich weicht man in vielen Situationen doch wieder auf das generische Maskulinum aus oder kehrt zu ihm zurück – nicht zuletzt auch, weil es möglich und sprachlich richtig ist, während es auf andere Weise kaum erträglich und zudem sprachlich entsetzlich falsch wäre.

Und ein Letztes: Wer zwingend „geschlechtergerechte Sprache" fordert, müsste dann konsequenterweise auch bei unangenehmen Sachverhalten alle Geschlechter benennen. Dies erfolgt jedoch in den seltensten Fällen. Nach wie vor ist zum Beispiel in Nachrichten über Kriminalität überwiegend von Straftätern die Rede. Doch wer voller Überzeugung gendergerechte Sprache verwendet, müsste dann auch konsequenterweise von „Straftäterinnen und Straftätern" beziehungsweise „Straftäter*innen" oder – wer vollkommen schmerzfrei ist – von „Straftuenden" sprechen. Spätestens hier würde dann aber wieder einmal deutlich, wie grotesk das Ganze ist.

Und eigentlich müsste dann zum Beispiel auch jemand, der voller Überzeugung Begriffe wie „Studierendensekretariat" verwendet, durchgängig zu Partiziplösungen greifen. Dann müsste er auch den Begriff „Gefährdendenansprache" wählen und nicht „Gefährderansprache". Möglich aber, dass spätestens hier dann doch jedem bewusst wird, dass einer Meldung ganz sicher die Ernsthaftigkeit abhandenkommt, wenn auf so plumpe Weise der Eindruck verfestigt wird, dass die Form wichtiger sein könnte als der Inhalt.

Wer übrigens aus "Gerechtigkeitsgründen" ab und an gendert, dann aber in bestimmten Fällen – vielleicht um zu vermeiden, dass es sprachlich gar zu scheußlich wird – doch lieber darauf verzichtet, läuft viel eher Gefahr, auf diese Weise tatsächlich einmal zu diskriminieren. Dies zeigt zum Beispiel folgender Satz: „Hier wurde mit Psychiatern, Kolleginnen und Kollegen aus der Krankenpflege und Betroffenen über ihren Alltag auf der Psychiatrie gesprochen." In diesem Satz wird auf das weibliche und das männliche Pflegepersonal explizit hingewiesen, doch es bleibt vollkommen unerwähnt, dass auch Psychiaterinnen ihren Teil dazu beitragen, den Patienten zu helfen. Ebenso diskriminiert das Gesundheitsministerium mit der Neuauflage seines gesetzlich notwendigen Hinweises zu Medikamenten – „Zu Risiken und Nebenwirkungen lesen Sie die Packungsbeilage und fragen Sie Ihre Ärztin, Ihren Arzt oder in Ihrer Apotheke" – sowohl Apothekerinnen als auch Apotheker, weil diese im Gegensatz zu den Ärztinnen und Ärzten erst gar nicht genannt werden. Warum hat man hier nicht zu der wirklich simplen Lösung „… und fragen Sie in Ihrer Arztpraxis oder Apotheke" gegriffen? Oder noch einfacher: Würde man die vielen unterschiedlichen Formen einfach eliminieren und sich wieder auf die beste Lösung der deutschen Sprache – das generische Maskulinum – verständigen, könnte man solche unerwünschten Effekte gänzlich vermeiden. Kein Mensch hat je angezweifelt, dass man bei der ursprünglichen Formulierung „… und fragen Sie Ihren Arzt oder Apotheker" natürlich auch eine Ärztin oder eine Apothekerin befragen könnte.

Grundsätzlich lässt sich Folgendes feststellen: Je länger ein Begriff ist und je komplexer eine Beschreibung wird, desto unverständlicher klingt es, wenn dann auch noch gegendert wird. Vermutlich ist es aus diesem Grund nicht selten so, dass in Texten nach anfänglichen Genderformulierungen ein paar Zeilen später – auch, weil es sonst einfach nicht dem natürlichen Sprachempfinden entspräche – schnell wieder die Standardsprache gewählt wird. Womit hat man es also im Zweifel zu tun? Mit Inkonsequenz, die erneut den Eindruck vermittelt, dass „Gendern nur um des Genderns willen" praktiziert wird. Als Fazit könnte man festhalten: Wer dem generischen Maskulinum immer wieder ganz selbstverständlich in seiner Sprachwahl (s)einen (verdienten) Platz einräumt, könnte es eigentlich auch unterlassen, einzelne Begriffe demonstrativ zu gendern. Damit wird letztlich der Beweis geführt, dass es sich dabei vielfach nur um „Haltung zeigen" oder – schlimmer noch – um ein Lippenbekenntnis handelt.

Und dass das generische Maskulinum eigentlich sprachlich notwendig ist, seine Verwendung mithin ihre volle Berechtigung hat und auch in keiner Weise diskriminierend ist, sieht man an folgendem Satz: „Vier Beamte der Bundespolizei brechen am Bahnhof auf, um den Willen der Ministerin umzusetzen. [Es handelt sich hierbei um] Polizeihauptkomissar Nico H., Polizeihauptmeister Steffen S., Polizeimeisterin Laura M. und Polizeimeisteranwärter Malte B." Mit Laura M. ist eine offensichtlich weibliche Person – die Bezeichnung „Polizeimeisterin" belegt dies – an der Aktion beteiligt und die gemeinsame Nennung der vier erfolgt als „vier Beamte" mit dem generischen Maskulinum, was in diesem Fall die einzig richtige und einzig mögliche Form ist.

Es ist auch hier wieder ersichtlich, dass sich ge-genderte Sprache in aller Konsequenz gar nicht dar-stellen lässt, wenn irgendjemand noch irgendetwas verstehen soll. Unsere natürlich gewachsene Spra-che sieht das einfach nicht so vor und ein Eingriff, wie von Verfechtern der Gendersprache immer wieder mutwillig vorgenommen, zerstört ihre logi-sche Struktur und damit ihre Verständlichkeit.

Weitere Komplikationen bei der Verwendung von Gendersprache

Wenn Gendersprache zum Einsatz kommt, schleichen sich auch schnell einmal inhaltliche Fehler ein. Auf der Webseite einer Kommunalverwaltung ging es beispielsweise in einem hier nicht relevanten Sachverhalt um „28.000 EU-Bürgerinnen und Bürger". Das ist so geschrieben falsch, denn mit dieser Formulierung wären 28.000 EU-Bürgerinnen plus eine unbekannte Zahl anderer Bürger, die nicht aus der EU stammen, gemeint. Da man hier aufgrund der notorischen Nutzung von Gendersprache dieser Behörde davon ausgehen kann, dass 28.000 männliche und weibliche in der EU lebende Menschen gemeint sind, müsste man korrigierend mit einem Bindestrich eingreifen und die Aussage in „28.000 EU-Bürgerinnen und -Bürger" ändern.

Der Teufel steckt manchmal wirklich im winzigsten Detail, aber gerade beim Gendern wirkt sich politische Korrektheit viel zu oft negativ auf die inhaltliche beziehungsweise grammatikalische Korrektheit aus. Sehr bedauerlich ist hierbei, dass viele Gendersprachebeflissene, die etwas veröffentlichen, immer überpenibel auf die korrekte „Er- und Sie-Schreibweise" achten, aber immer nachlässiger mit allen anderen Aspekten umgehen, die ebenfalls ein Anrecht auf korrekte Übermittlung hätten.

Was sonst noch durch Gendersprache schlechter wird: Sprachwitz und Raffinesse – es wurde an anderer Stelle bereits angedeutet – werden politisch korrekter Sprache geopfert und verlieren dadurch ihre spontane Wirkung. Dies sieht man zum Beispiel beim Auftritt der „ZDF heute show" in den sozialen Medien. Das Redaktionsteam schreibt leider inzwischen nur noch politisch korrekt und bringt seine „satirischen" Inhalte zum Beispiel folgendermaßen unters Volk: „Zwei Drittel der in Deutschland lebenden Türk:innen haben für Erdogan gestimmt – in der Türkei selbst nicht mal jede:r Zweite. Faustregel: Je weiter man von der Türkei entfernt lebt, desto besser kann man mit Erdogan als türkischem Präsidenten leben." Kann man über eine so gequält daherkommende „Satire" noch schmunzeln geschweige denn lachen? Nicht wirklich. Sobald gegendert wird und dadurch die Sprache an Geschwindigkeit und Spontaneität verliert, ist Satire deutlich weniger witzig und unterhaltsam. Sowohl die „heute show" (in den sozialen Medien) als auch Einzelkünstler wie zum Beispiel Carolin Kebekus sind, seit sie gendern und politisch korrekt daherkommen, lange nicht mehr so gut wie vorher.

In diesem Zusammenhang hat eine Sache zum Abschluss des vergangenen Jahres wirklich ein wenig traurig gestimmt: Das Ende des „lol Weihnachts-Specials". Zur Erklärung für diejenigen, die das TV-Format „lol" von Michael Bully Herbig nicht kennen: Es geht für bis zu zehn Komiker darum, die jeweils anderen zum Lachen zu bringen – egal womit oder wodurch. Denn: Wer lacht, fliegt raus, und wer am Ende übrig bleibt, hat gewonnen und erhält als Preis einen beträchtlichen Betrag, der einer individuell ausgewählten Wohltätigkeitsorganisation zugutekommt. Das Gute daran: Die Menschen an den Endgeräten dürfen natürlich lachen und sowohl die Aktionen derer, die das provozieren wollen als auch die derjenigen, die sich das Lachen krampfhaft verkneifen müssen, sorgen für überaus lustige Momente und Situationen. Ein großartiger Spaß also und eine großartige Sache darüber hinaus. Umso bedauerlicher war es daher, dass – nachdem man beim Weihnachts-Special dieser Produktion die politische und gesellschaftliche Lage endlich einmal komplett ausblenden und stattdessen so richtig laut und unbeschwert lachen konnte – am Ende wieder unsanft auf den Boden der Tatsache geholt wurde: durch Anke Engelke. Sie ging zwar als verdiente Siegerin aus der Show hervor, verabschiedete sich dann aber bedeutsam und nachdrücklich von allen „Zuschauenden". Das war grammatikalisch in diesem Moment zwar theoretisch sogar möglich, wirkte aber dennoch als unangenehmer Wermutstropfen, weil mit der in diesem Zusammenhang unnatürlichen Wortkonstruktion schließlich eine überaus gelungene Unterhaltung mit einer bewusst gewählten politisch korrekten Botschaft beendet wurde. Schade, wenn einem dann plötzlich das vorher noch so befreite Lachen im Hals steckenbleibt. Diese politisch korrekte Haltung zeigt Anke Engelke übrigens auch überdeutlich mit ihrer Veröffentlichung „Die neue Häschenschule", einer „überarbeiteten" Version des Kinderbuchklassikers „Die Häschenschule" von Albert Sixtus. Dort lebt plötzlich der Fuchs in Eintracht mit den Häschen, weil er sich nun vegan ernährt. Zum eigentlichen Feind wird in der Neufassung der Landwirt stilisiert. Man kann von der Version halten, was man möchte, aber es ist immer sehr schade, wenn sich großartige Unterhaltungskünstler plötzlich zum Pädagogen-Dasein berufen fühlen und ihre Popularität dazu nutzen, eine vermeintlich richtige Haltung zu verbreiten.

Doch wieder zurück zu den weiteren Gefahren der Gendersprache: Auch im Schulbereich stellt sich dies recht problematisch dar. Das wird bei der Lektüre eines Berichtes deutlich, der im Oktober 2023 erschienen ist und sich mit den Rechtschreibkenntnissen von Neuntklässlern befasst. Ein Bildungsforscher bescheinigt diesen darin, dass sich die Leistungen im Fach Deutsch im Schnitt deutlich verschlechtert haben. Es wird ein Niveauverlust auf allen Ebenen beklagt. Gerade der Förderbedarf in Sachen Rechtschreibung sei groß. Gleichzeitig gibt es unzählige Lehrer, die in ihren Klassen das Gendern forcieren und auch immer wieder lautstark den Einsatz dieser „geschlechtergerechten" Sprache fordern. Eigentlich müsste gerade dieser Berufsgruppe aufgrund ihrer Berufung längst klargeworden sein, dass man bei einem Niveauverlust auf allen Ebenen zunächst einmal Schadensbegrenzung betreiben sollte, anstatt die Sprache, die für einen nicht unerheblichen Teil der besagten Neuntklässler noch nicht einmal die Muttersprache darstellt, noch komplizierter zu machen. Doch auf diese Erkenntnis wartet man vielfach vergeblich, denn Ideologie bahnt sich auch hier einen unangenehmen und beunruhigenden Weg.

Zwang oder Verbot?

Am 19. Oktober 2023 erscheint in der Online-Ausgabe der „WeLT" ein Artikel des Wissenschaftsjournalisten Tim Schröder, in dem er über seine Erfahrungen mit dem Thema Gendern und der vermeintlichen Toleranz der Gendersprache-Anhänger in diesem Zusammenhang berichtet:

„Als Wissenschaftsjournalist schreibe und arbeite ich für etwa 40 verschiedene Auftraggeber, nicht nur Zeitungen und Magazine, sondern auch Behörden, Firmen, Forschungsinstitute und Universitäten. Fast überall gibt es inzwischen verbindliche Vorgaben oder Genderleitfäden, in denen vorgeschrieben wird, wie man zu gendern hat, ohne dass die Mitarbeiter jemals gefragt worden wären. Einige Auftraggeber verlangen Doppelpunkt oder Genderstern, andere bevorzugen Partizipialkonstruktionen wie ‚Dozierende' und ‚Forschende' oder Beidnennungen wie ‚Wissenschaftlerinnen und Wissenschaftler'. Das klassische ‚generische Maskulinum' wie zum Beispiel ‚Experten' oder ‚Bürger', das eigentlich alle Menschen einschließt, ist im Sinne ‚der Geschlechtergerechtigkeit' fortan verpönt."

Tim Schröder berichtet darüber, dass viele Mitarbeiter in Pressestellen sich bewusst seien, dass sich das Gendern nicht konsistent durchziehen lässt. „Andererseits stehen sie unter Druck, weil sie die Gendervorgaben der Geschäftsführung erfüllen müssen oder sich einen Konflikt mit den Gleichstellungsbeauftragten einhandeln, wenn sie das generische Maskulinum verwenden."

Sein Fazit zur Gendersprache: „Keine der vielen Gendervorgaben, die ich in den vergangenen Jahren erhalten habe, geht wirklich auf. Um nicht alle Auftraggeber zu vergraulen, muss ich mich auf Kompromisse wie die Beidnennung einlassen, obwohl dabei fast immer klappernde Silbenschleppzüge wie ‚Elektroingenieurinnen und Elektroingenieure' oder ‚Risikomanagerinnen und Risikomanager' herauskommen. Es ist anstrengend, sich immer wieder auf Diskussionen mit den Auftraggebern einzulassen, nicht zuletzt, weil sie am längeren Hebel sitzen – und weil ich das Gefühl habe, mit meinem Widerstand ziemlich allein zu sein."

Tim Schröder spricht mit diesen Worten vermutlich sehr vielen Menschen, die jeden Tag mit Textarbeit zu tun haben, aus der Seele. Doch seinem Gefühl zum Trotz: Er ist damit nicht allein. Auf der Webseite https://www.linguistik-vs-gendern.de/ gibt es einen Aufruf, der von Literatur- und Sprachwissenschaftlern initiiert wurde und die Genderpraxis des öffentlich-rechtlichen Rundfunks kritisiert. Diesen Aufruf haben Stand März 2024 über 1000 Personen aus dem wissenschaftlichen Spektrum unterzeichnet, darüber hinaus noch über 5000 weitere Unterstützer, die sich echte Gedanken um ihre Muttersprache machen.

Vielfach hält jedoch eine gewisse Angst Menschen davon ab, sich öffentlich gegen das Gendern zu positionieren. Es ist die Angst davor, vollkommen ungerechtfertigt mit dem Etikett „ewig gestrig", „rückständig" oder gar „demokratiefeindlich" bedacht zu werden. Manchmal ist es aber auch die reine Existenzangst.

Besonders im Universitätsbetrieb ist Gendern bekanntermaßen überaus verbreitet. Doch auch hier wird nicht immer aus Überzeugung gegendert. Vielmehr ist es offenbar so, dass es oftmals ausschließlich aus Sorge vor negativen Konsequenzen geschieht. Studenten erhalten „Hinweise", dass es „dringend empfohlen werde", ihre Bachelorarbeiten in gendergerechter Sprache zu verfassen. Diese „dringende Empfehlung" gerät an manchem Lehrstuhl auch schon einmal zu einer ausgewachsenen Drohung: „Nicht Gendern = nicht bestehen." Welcher Student, der Wert auf seinen Abschluss legt, ist so irre, sich dem dann nicht zu fügen? Diejenigen, die es dennoch tun, haben das Nachsehen: So hat es dem Vernehmen nach beispielsweise an der Universität Potsdam Studenten gegeben, die zumindest mit Punktabzug leben mussten, weil sie nicht gegendert hatten. Was für eine Unverschämtheit, dass das Einhalten ideologischer Vorgaben als Teil der Leistung gewertet wird! Und wie bedenklich, dass es offenbar nach Jahrzehnten wieder möglich ist, dass das freie Denken derart eingeschränkt wird. Doch die größte Dreistigkeit ist es, wenn angesichts solcher perfider Methoden nach wie vor immer wieder kolportiert wird, „gendergerechte" Sprache sei eine „freiwillige" Angelegenheit!

Tim Schröder beschreibt die Entwicklung im erwähnten WeLT-Artikel folgendermaßen: „Wenn aus Angst vor Konflikten ausgerechnet die Sprachexperten, die Kommunikationsprofis und die Journalisten schweigen, dann ist es nicht verwunderlich, dass sich das Gendern durchsetzt. Dann fehlen die fähigsten Anwälte, die die Sprache dagegen verteidigen könnten."

Doch ebenso unangebracht und widersinnig wie Genderzwang ist ein grundsätzliches Genderverbot, über das beispielsweise in manchen Landesregierungen beraten wird und das stellenweise auch bereits durchgesetzt wurde. Denn abgesehen davon, dass Verbote den Nährboden für eine „Opferhaltung" derer liefern würden, die tatsächlich der Ansicht sind, damit die Welt ein Stück weit besser zu machen, ist zu befürchten, dass auch ein solcher Beschluss wieder schlimmste Inkonsequenz nach sich ziehen wird und damit wieder einmal nichts Halbes und nichts Ganzes dabei herauskommt und schon gar keine Lösung eines vermeintlich bestehenden Problems gefunden wird. Denn solange eine Landesregierung zwar das „Gendern mit Sternen, Unterstrichen oder Doppelpunkten" verbietet, aber dennoch – weil politisch korrekt – Wert auf eine sogenannte geschlechtergerechte Sprache legt, bleiben die unsäglichen Formen der notorischen Beidnennung und der falschen Partizipien unangetastet und damit ist der Sprache immer noch kein Gefallen getan. Beides – sowohl Zwang als auch Verbot – stellt darüber hinaus einen Eingriff in die Meinungsfreiheit dar und sollte dringend unterbleiben.

Daher ist die Intention dieser Veröffentlichung, Argumente und Informationen zu liefern und vielleicht einmal für etwas anderes zu sensibilisieren als für vermeintlich antidiskriminierende, hochideologische Agitation, nämlich für eine Sprache, die gewachsen ist, die sinnvoll ist und die man nicht in unnatürliche und zu allem Überfluss leider auch noch falsche Formen pressen sollte.

Warum „gendergerechte" Sprache gar nicht gerecht ist

In Artikel 3 des Grundgesetzes heißt es: „Niemand darf wegen seines Geschlechtes (…) benachteiligt oder bevorzugt werden." Es geht also darum, jeden Menschen, ungeachtet seines Geschlechts, gleich zu behandeln. Das wiederum setzt eigentlich voraus, dass Geschlecht als Kategorie bei der Behandlung eines Menschen nicht von Bedeutung sein dürfte.

Vor diesem Hintergrund mutet es mehr als seltsam an, wenn ständig durch sogenannte gerechte Sprache das Geschlecht von Personen dermaßen in den Fokus gerückt wird. Dabei könnte es doch so einfach sein: Mit der Verwendung des generischen Maskulinums und seiner durch und durch neutralen sprachlichen Funktion wird das biologische Geschlecht unerheblich. Und doch wird vor allem an Universitäten, in der Politik, in Verwaltungen und Medien nach wie vor kolportiert, man müsse das „dominant Männliche" in der Sprache nivellieren.

Universitäten sind quasi die Brutstätte der sogenannten gendergerechten Sprache. Einzelne, zum Teil namhafte Professoren (oder in diesem Fall ausdrücklich Professorinnen) haben es einst vorangetrieben. Exorbitant hohe Geldbeträge wurden inzwischen für die öffentlichkeitswirksame Einführung von Gendersprache in die Hand genommen,

Beträge, die man deutlich sinnstiftender hätte verwenden können. Nachfolgende Akademiker übernahmen die neuen Sprachregelungen, einige sicher aus Überzeugung, aber einer großen Schar ambitionierter Anwärter akademischer Laufbahnen bleibt – wie im Kapitel „Zwang oder Verbot?" bereits kurz angerissen – heute kaum etwas anderes übrig, wenn sie ihre eigene Karriere nicht von vorneherein ruinieren möchte.

Denn es ist durchaus auch so (und das ist in keiner Weise „gerecht"), dass zum Beispiel Anträge im Universitätsalltag der FU Berlin nur dann bearbeitet werden, wenn sie gegendert sind. Viele Behörden folgen diesem Muster blindlings. Sie orientieren sich an Landesgesetzen, die eine „gerechte Sprache" vorschreiben, wobei nirgendwo klar und deutlich festgelegt ist, was denn nun nachgewiesenermaßen wirklich gerecht ist und was nicht.

Doch wenn es im Gesetz steht, muss es so sein: Hunderte Kommunen geben Unsummen für Leitfäden aus, Portale mit Anwendungshilfen für "gerechte Sprache" haben Hochkonjunktur. Alles gendert inzwischen wild und ohne erkennbaren Sinn oder gar Stringenz durcheinander, ein unerträgliches Sammelsurium aus Sternchen, Unterstrichen, Binnenbuchstaben, falschen Partizipien und Beidnennungen, bis der Arzt kommt. All das erweckt zunehmend den Eindruck, dass niemand sich sachlich mit dem Thema und der Sprache auseinandergesetzt hat, sondern dass man ausschließlich emotional aufgeladen und ideologisch motiviert vorgeht.

Medien erscheinen inzwischen mehrheitlich als eifrige Erfüllungsgehilfen, selbst Vertreter der sogenannten Regenbogenpresse scheren sich nicht darum, dass ihre reißerischen Überschriften oft nur einen sehr geringen Wahrheitsgehalt vorweisen, solange die Nachricht darunter sprachlich fein gegendert ist.

Auf diese Art und Weise bildet die falsche Sprech- und Schreibweise – rein metaphorisch betrachtet – wie ein Krebsgeschwür Metastasen. Und der Organismus der Allgemeinheit bäumt sich mühsam dagegen auf: Umfragen bestätigen wieder und wieder, dass eine überwältigende Mehrheit in der Gesellschaft mit diesen zwanghaft herbeigeführten Umwälzungen nicht einverstanden ist. Und wie es bei „Erkrankungen" dieser Art so ist: Wenn man nicht massiv dagegenwirkt mit zum Teil brachialen Therapien, ist man verloren.

Wer mit gut ausgeprägten sprachlichen Grundkenntnissen und solidem Verstand an diese merkwürdige Entwicklung herangeht, stellt schnell fest, dass zum Beispiel bei vermeintlich gendergerechten Bezeichnungen wie „Ärzt:innen", „Kund:innen", „Soldat:innen" lediglich die weibliche Form lesbar ist. Die männliche Form im Plural – „Ärzte", „Kunden", Soldaten" – wird schlicht unterschlagen. Frauen und Non-Binäre sind sichtbar, Männer jedoch nicht. Gerecht? Eher nicht. Doch zu dieser neuen Form der Diskriminierung kommt dann noch, dass gegenderte Begriffe – wie bereits dargelegt – im Satzzusammenhang grammatikalisch oft nicht haltbar sind, den Fokus verschieben, die Aussage verändern und die Verständlichkeit schmälern.

Abgesehen davon: Wenn es tatsächlich einer politisch korrekten Sprache bedürfe, um Geschlechtergerechtigkeit zum Maß der Dinge zu erheben, so wären Länder wie die Türkei oder Ungarn mit ihren Sprachen, die gänzlich ohne Genus auskommen, ganz weit vorne in Sachen Geschlechtergerechtigkeit. Sind sie das? Kurzes Nachdenken … nein.

Nachdem schließlich auch der WDR eine Umfrage in Auftrag gegeben hatte und durch diese bestätigt wurde, was andere schon längst wussten, nämlich, dass die Mehrheit der Deutschen Gendersprache ablehnt, wurde der Gendermodus zumindest in einigen Bereichen ein wenig zurückgefahren. Was allerdings dadurch verstärkt wurde, ist der wilde Mix aus Gendern und Nicht-Gendern. Dies sorgt weder für korrekte Informationen noch für mehr Gerechtigkeit.

Man kann zudem durchaus von einer suggestiven, wenn nicht gar manipulativen Komponente sprechen, wenn in der Runde der Talkshow „Hart aber fair" ein Talk-Thema mit folgender Überschrift angekündigt wird: „Helfen am Ende nur Quoten- und Sprachregeln gegen die alte Männermacht?"

Hier wie auch andernorts wird Gendersprache ganz selbstverständlich als probates Mittel gegen Geschlechterungerechtigkeit verkauft. Das impliziert im Gegenzug automatisch, dass nicht gerecht ist, wer sich dem nicht beugt.

Medien haben aber natürlich theoretisch auch noch andere Möglichkeiten der Manipulation. So wird zum Beispiel bei Leserbriefen teilweise einfach nicht berücksichtigt, dass diese sehr bewusst mit generischem Maskulinum verfasst worden sein könnten; zumindest erweckt es den Anschein, als bleibe eine solche Überlegung in einigen Redaktionen außen vor. Dieser Eindruck drängt sich deshalb auf, weil es häufig vorkommt, dass bei einer Leserbriefveröffentlichung seitens der Redaktion einfach die generisch männliche Form noch um die speziell weibliche Form erweitert wird. Je nach Zeitung geschieht das aus pragmatischen Gründen (zum Beispiel um die Seite zu füllen, um die Texte auf die passende „Höhe" zu bringen) oder aber aus ideologischen Gründen (um vorzutäuschen, dass "gendergerechtes" Schreiben nun auch endgültig in der „Normalbevölkerung" angekommen ist).

Sollte keine Absicht dahinter stecken, lässt sich aber auf jeden Fall mangelndes Fingerspitzengefühl im Umgang mit dieser nachweislich sehr sensiblen Thematik attestieren. Das mutet umso ironischer an, als es doch ausgerechnet bei Gendersprache um mehr Sensibilität gehen soll. Das Vorgehen einiger Redaktionen wird vermutlich von vielen Lesern gar nicht wahrgenommen. Wer es aber wahrnimmt und das als tatsächlich sprachsensibler Mensch offiziell kritisiert, erhält weitschweifige Erklärungen, die jedoch nicht wirklich überzeugen. Ändern kann man nachträglich sowieso nichts mehr, dem Wunsch einer Richtigstellung wird nicht entsprochen. So viel also dazu, dass Gendersprache rein freiwillig sei und niemand dazu genötigt werde. Dass dies nur Wunschdenken sein kann, wurde bereits im Kapitel zuvor dargelegt. Daher macht sich erneut ein überaus ungutes Gefühl breit. Ja, man fühlt tatsächlich so etwas wie Diskriminierung – was für eine Ironie!

„Gendern macht die Diskriminierung nur noch schlimmer", konstatiert übrigens auch die deutsche Schriftstellerin Nele Pollatschek im August 2020 in einem Beitrag bei „tagesspiegel.de". Sie selbst gendert demnach nicht und möchte auch nicht gegendert werden: Sie spricht von sich selbst als Schriftsteller und Journalist. Ihre Überzeugung wurde durch Erfahrungen im englischsprachigen Raum untermauert: „Während die Deutschen sich für das permanente Benennen von Geschlechterunterschieden entschieden haben, haben die Briten sich entschieden, das Anzeigen von Geschlechtlichkeit so weit wie möglich zu vermeiden. Dafür haben sie mit typisch britischer Pragmatik die Form gewählt, die ihre Sprache sowieso als generisch hergibt. Diese Form ist im Englischen, genau wie im Deutschen, identisch mit der männlichen Form, im Deutschen wird sie durchaus kritisch als ,generisches

Maskulinum' bezeichnet." Als netter Versuch, im Deutschen Geschlechterunterschiede einfach zu vermeiden, kann der bereits erwähnte Einsatz des Partizips gewertet werden. Doch diesen Versuch darf man aus ebenfalls hier aufgeführten Gründen als gescheitert betrachten.

Nele Pollatschek ist ferner der Überzeugung: „Wenn wir im Deutschen gendern, dann sagen wir damit: Diese Information ist so wichtig, dass sie immer mitgesagt werden muss. Und wir sagen: Nur diese Information muss immer mitgesagt werden. Es ist richtig, auf alle anderen Identitätskategorien nur dann zu verweisen, wenn sie relevant sind, nur das Geschlecht wird immer angezeigt, damit machen wir es zur wichtigsten Identitätskategorie." Genau das ist der Punkt: Alle anderen Merkmale, die einen Menschen ausmachen (bei Nele Pollatschek zum Beispiel, dass sie jüdisch ist und einige ihrer Familienmitglieder von den Nationalsozialisten ermordet worden sind), treten in den Hintergrund, weil sich immer nur alles um das Geschlecht dreht. Wer sich aber nicht primär über sein Geschlecht identifiziert und definiert sehen möchte, könnte sich ebenso diskriminiert fühlen wie jemand, der sich beim generischen Maskulinum „nur mitgenannt" fühlt. Manche tun das sogar. Vermutlich sind es sogar mehr Menschen, als man denkt, die sich durch Gendersprache diskriminiert fühlen. Das wird nur leider überhaupt nicht berücksichtigt.

Doch es geht noch weiter: Alle, die auf eine verständliche, klare Sprache dringend angewiesen sind, werden durch das Beharren auf Gendersprache ebenfalls diskriminiert. Menschen, für die die deutsche Sprache nicht die Muttersprache ist, Menschen mit Seh- oder Hörbehinderung – sie alle werden mit ihren persönlichen Bedürfnissen missachtet und empfinden die Beeinflussung und Veränderung der ursprünglichen Sprache keineswegs als „gerecht", wenn sie dadurch einfach durch das Verständnis-Raster fallengelassen werden.

Den Gerechtigkeitsaspekt beleuchtet auch die Linguistin Katerina Stathi. Sie sagte in einem Interview, das auf der Homepage der Universität Münster (offenbar eine der wenigen Unis, die noch eine gewisse Meinungsvielfalt in diesem Bereich zeigen) veröffentlicht wurde: „Sprache hat nicht die Funktion, Gerechtigkeit abzubilden, sie kann nicht das Spielfeld dieser Diskussion sein. Ich habe bereits Probleme mit Begriffen wie ‚geschlechtergerechte' und ‚geschlechtersensible Sprache'. Denn diese Begriffe implizieren – und das sollen sie wohl auch ausdrücklich –, dass diejenigen, die diese Praxis mitmachen, gerecht und sensibel sind. Das sind allerdings moralische Kategorien, die in dieser mittlerweile ideologisch geprägten Diskussion fehl am Platze sind. Ich plädiere deswegen dafür, neutrale Begriffe wie ‚Gendern' oder ‚gegenderte Sprache' zu verwenden."

Apropos Moral: Als Schlagersänger Heino sich bei Sat1 ein wenig rustikal gegen das Gendern äußerte, brach angeblich ein Sturm der Empörung los. Sat1 distanzierte sich im Zuge dessen sogleich von ihm und löschte die betreffende Sendung aus der Mediathek. Allerdings handelt es sich bei der beschriebenen Empörung keineswegs um das, was die Meinung der Mehrheit widerspiegelt. Das wurde lediglich von einigen Medien lanciert, die diese Gelegenheit dankbar beim Schopf packten, um politisch korrekte Haltung zu demonstrieren, sich selbst moralisch zu erhöhen und natürlich ein bisschen Stimmung zu machen.

„Heino sorgt für Gender-Eklat im TV" lautete eine der vielen Schlagzeilen. Was für ein Eklat, fragt sich der normal denkende Mensch? Angeblich habe der Sänger mit seinen Äußerungen für „Ärger unter den Zuschauerinnen und Zuschauern gesorgt." Es ist eine Frechheit, wie Medien mit derlei Formulierungen ihre Leserschaft zu manipulieren versuchen und die Moralkeule auch dann noch weiter schwingen, wenn das Thema längst erledigt ist: „Heino zeigt nach Gender-Eklat keine Einsicht".

Warum Einsicht? Weil Gendern „richtig" ist? Sicher nicht, der Beweis dafür müsste tatsächlich erst noch erbracht werden, und selbst dann kann jeder dazu stehen, wie er möchte. Weil Heino eben eine andere Meinung vertritt, als das Weichgespülte, das inzwischen als Mainstream verkauft werden soll? Auch hier wird erneut die Intelligenz der

Konsumenten unterschätzt. Doch es geht wohl vielmehr darum, dass hier ein „böser Mann" einfach nicht verstehen will, dass er sich nicht so äußern sollte, wie er das getan hat, weil das ja – angeblich – als „diskriminierend" aufgefasst wird.

Gleichzeitig wird aber problemlos akzeptiert, dass einige „fortschrittlich" Denkende Heinos Meinung als die verrückte Ansicht eines „alten, weißen Mannes" werten. Diese tatsächlich wenig sensible Formulierung wurde von einigen Medien zitiert. Wie es aussieht, ist Altersdiskriminierung dann wohl völlig okay. Nur der Vollständigkeit halber erwähnen diese Medien dann netterweise, dass es „auch" Kommentare gegeben habe, die Heino zustimmten.

Heino selbst teilte auf Anfrage einer Zeitung schließlich mit: „Ich bekomme hunderte Zuschriften von Jung und Alt, die sich bei mir bedanken, dass mal endlich einer den Mund aufmacht. Ich habe weder jemanden rassistisch noch sexistisch beleidigt. Sie als Medien zitieren mehr negative Kommentare von Leuten, die gendern, als jene, die meiner Meinung sind. Das ist der wahre Skandal, wenn es überhaupt einen gibt."

Dieses von Heino beschriebene Phänomen ist auch unter der Bezeichnung *false balance* bekannt. Es ist immer häufiger in der Medienlandschaft zu finden und meint eine falsche Ausgewogenheit in der Berichterstattung. Hierbei geht es um mediale Verzerrung, bei der einer klaren Minderheitenmeinung ungebührlich viel Raum zugestanden wird. Auch wenn das sprachliche Gendern nicht permanent zum eigentlichen Inhalt erhoben wird, stellt seine Anwendung dennoch ein Problem dar, weil damit gleichzeitig eine Aussage getroffen, Haltung gezeigt und eine Botschaft gesendet wird. Da vielfach nachgewiesen wurde, dass die Mehrheit der Menschen in Deutschland sprachliches Gendern ablehnt, lässt sich hier tatsächlich eine falsche Ausgewogenheit feststellen, mehr sogar schon: Von einer Ausgewogenheit – bei der tatsächlich beide Seiten betrachtet werden – hat man sich in manchen Medien schon längst entfernt und stattdessen die Haltung einer Minderheit zum neuesten Entwicklungsstand erhoben. Diese Haltung wird als zeitgemäß und damit als unabdingbar dargestellt. Bei näherer Betrachtung ist dieser Weg der Beeinflussung – ebenso wie sein Ziel – in keiner Weise „gerecht".

Einen weiteren Aspekt gilt es im Zusammenhang mit propagierter Gerechtigkeit ebenfalls zu betrachten: Schon zu Beginn der Dreißigerjahre des vergangenen Jahrhunderts hat der Linguist Roman Jakobson festgestellt, dass es der Endung „-in" bedarf, um einen universalen in einen weiblichen Begriff zu transformieren. Nach seiner Erkenntnis sind beispielsweise „Bürger" erst dann männlich, wenn gleichzeitig von „Bürgerinnen" (und damit von weiblichen Bürgern) die Rede ist. Folglich hat die permanente Unterscheidung eigentlich gar nichts Gerechtes, auch wenn der Deutsche

Journalisten-Verband das Gendern als „Ausdruck einer zutiefst demokratischen Grundhaltung" wertet, „Menschen unabhängig von Geschlecht, Identität, Herkunft und Einstellungen gleich zu behandeln." Mit Gendersprache wird aber keinerlei Rücksicht auf Herkunft oder Einstellung genommen, es geht nur permanent um das Geschlecht. Daher muss die Frage erlaubt sein, wie „zutiefst demokratisch" diese Grundhaltung tatsächlich ist. Menschen, die nicht auf ihr Geschlecht reduziert werden wollen oder sich nicht in erster Linie über ihre Geschlechtszugehörigkeit definieren, werden nicht gleich behandelt. Das sollten sich auch die größten Moralisten einmal vor Augen halten. Es drängt sich hier die Frage auf, was am Guten noch gut ist, wenn es militant gegen den Willen einer großen Mehrheit durchgedrückt wird. Das ist weder gut noch demokratisch!

Wer immer nur die Verschiedenartigkeit der Geschlechter in den Vordergrund rückt, immer nur vorhandene Unterschiede betont, spaltet. Nichts gegen Vielfalt, doch in diesem Fall ist das Gleiche das Verbindende.

Anhand dieser Ausführungen ist hoffentlich deutlich geworden, dass es höchste Zeit ist, sich entschieden dagegen zu positionieren, wenn vollkommen unreflektiert propagiert wird, Gendersprache könne ein Weg zu mehr Gerechtigkeit sein.

Das generische Maskulinum – viel besser als sein (zu Unrecht beschädigter) Ruf

Auch wenn manche Redakteure zwischenzeitlich so weise waren und sprachlich wieder ein wenig zurückruderten, passiert es nach wie vor, dass Radiohören zum Albtraum verkommt. So auch vor einiger Zeit: „Patientinnen und Patienten können ab sofort nicht mehr telefonisch eine Krankschreibung von ihrem Arzt oder ihrer Ärztin erhalten. Diese Regelung war eingeführt worden, weil Ärztinnen und Ärzte während der Corona-Zeit entlastet werden sollten. Das erwies sich als große Erleichterung für die Patientinnen und Patienten sowie für die Ärztinnen und Ärzte." Und kurz bevor man den Ausschaltknopf betätigt, weil man die künstlich aufgeblähte Satzstruktur einfach nicht mehr erträgt, erstaunt dann folgender Satz: „Ab April muss man nun wieder in die Arztpraxis kommen. Daran üben die Verbraucherzentrale und der Hausärzteverband Kritik."

In dieser Nachricht wird mehr als deutlich, dass das generische Maskulinum eine absolute Daseinsberechtigung hat, weil es selbst von notorisch gendernden Zeitgenossen bei zusammengesetzten Worten mit größter Selbstverständlichkeit verwendet wird. Natürlich gibt es aus dem besonders spracherzieherisch bemühten Umfeld auch bereits Vorschläge wie „Zentrale für Verbraucherinnen und Verbraucher" oder „Verband der

Hausärztinnen und Hausärzte" oder auch Wortkonstruktionen wie „Verbraucher*innenzentrale" oder „Hausärzt*innenverband". Doch glücklicherweise erkennen selbst die überzeugtesten Genderer des öffentlichen Rundfunks bislang noch diese Grenze der akustischen Belastbarkeit. Abgesehen davon würde es die Sendezeit sprengen, würde man die oben zitierte Nachricht vollständig beispielsweise mit Beidnennung gendern: „Patientinnen und Patienten können ab sofort nicht mehr telefonisch eine Krankschreibung von ihrem Arzt oder ihrer Ärztin erhalten. Diese Regelung war eingeführt worden, weil Ärztinnen und Ärzte während der Corona-Zeit entlastet werden sollten. Das erwies sich als große Erleichterung für Patientinnen und Patienten sowie für die Ärztinnen und Ärzte. Ab April muss man nun wieder in die Praxis des Arztes oder der Ärztin kommen. Daran üben die Zentrale für Verbraucherinnen und Verbraucher und der Verband der Hausärztinnen und Hausärzte Kritik." Würde man dieses Schema konsequent auf jede Meldung übertragen, würde vielleicht einigen der besonders Engagierten aufgehen, dass Sendezeit kostbar ist, der positive Effekt dabei hingegen noch nicht einmal marginal.

Das generische Maskulinum ist vielfach unersetzlich. Die deutsche Sprache hat keine Alternativen, zumindest keine, die gewährleisten, dass sie verständlich und eindeutig bleibt.

Selbst in politisch überkorrekt agierenden Behörden kommt daher so manches Mal noch das generische Maskulinum zur Anwendung, nämlich bei feststehenden Verwaltungsfachausdrücken wie zum Beispiel bei dem schönen Begriff „Ordnungspartner". Da ist dann beispielsweise irgendwo zu lesen: „Mit ihren Ordnungspartnern habe man sich personell und konzeptionell auf diese Großveranstaltung vorbereitet und könne ein zufriedenstellendes Fazit ziehen, teilt die Polizei mit."

Ohne gendernde Zungenbrecher-Verrenkungen bleibt man hier problemlos beim angestammten Begriff, während gleichzeitig jeder noch so geschlechtsunabhängige Begriff aus vermeintlichen Gerechtigkeitsgründen in eine weibliche und eine männliche Form gepresst wird („kein Jugendlicher und keine Jugendliche sieht das so", „Bahnfahrerinnen und Bahnfahrer wurden zum neuen Takt befragt", „Landwirtinnen und Landwirte kritisieren das neue Gesetz"). All dies geschieht ganz offensichtlich vollkommen unreflektiert, es ist weder System noch Logik erkennbar. Wenn man wirklich alles in männlich und weiblich aufteilt (was dann wiederum Personen aus dem queeren Spektrum missfallen könnte), warum dann nicht „Ordnungspartnerinnen und Ordnungspartner"? Natürlich ist diese Frage eine rhetorische und die Antwort kann nur lauten: Weil es nicht notwendig ist und weil es ohne viel besser ist. Und ganz ehrlich: Man kommt sich einfach als mündiger und selbstbestimmter

Mensch ein wenig veräppelt vor, wenn man in einem Rundschreiben einer Behörde hinsichtlich der Nutzung eines Tischkickers im Freizeitraum lesen muss: „Ich gehe davon aus, dass sich interessierte Kicker und Kickerinnen zunächst untereinander abstimmen."

Man betrachte auch einfach einmal folgenden Satz: „Ab sofort sollen alle Schüler von dem vergünstigten Ticket profitieren." Niemand kommt auf die Idee zu vermuten, dass hierbei nur Jungen profitieren und Mädchen weiterhin den vollen Preis für ihr Ticket zahlen müssen. Daher ist dieser Satz, so wie er hier steht, inhaltlich und sprachlich richtig und muss nicht quantitativ und ideologisch erweitert werden.

Es lohnt sich, in diesem Zusammenhang auf die Ausführungen des Sprachwissenschaftlers Eckard Meineke zum genderneutralen Maskulinum hinzuweisen. Er hat nachgewiesen, dass ein „verständiges Publikum" über ausreichend kognitive Fähigkeiten verfügt, um zu erkennen, dass die „Einwohner Hamburgs" eben nicht ausschließlich Männer sind, sondern sämtliche Bewohner dieser Stadt umfassen. Seinen Untersuchungen zufolge erbringen bereits Kinder die dafür erforderliche Abstraktionsleistung. Daher erachtet er es als sinnlos, ständig von „Einwohnerinnen und Einwohnern" zu reden – und damit die Intelligenz der Leser oder Hörer zu unterfordern. (Quelle: welt.de vom 22. November 2023)

Und eines ist auch klar: So sehr sich manche Menschen die Zunge brechen, hochmotiviert Sprechpausen inszenieren oder Bandwurmsätze mit etlichen aneinandergereihten Doppelnennungen produzieren: Irgendwann bleibt es dann doch beim Bürgerlauf und beim Künstlerforum. Begriffe wie „Studierendenwerk" oder „Studierendenwohnung" sind zwar von Zeit zu Zeit zu lesen, bleiben aber ebenso überflüssig wie unschön und falsch.

Als es im vergangenen Sommer um die Flammenhölle auf Rhodos ging, wurde das kurz und knapp auf den Punkt gebracht: „Die Urlauber wollen nur eines – nach Hause". Dass diese Menschen in dem Moment vermutlich keinen gesteigerten Wert auf Gendersprache legen würden, hat sogar der Reporter verstanden und auf eine umständliche Formulierung à la „Urlauberinnen und Urlauber" glücklicherweise verzichtet. In diesem Zusammenhang fiel übrigens ebenso auf, dass bislang offenbar niemand die TUI, obwohl es ja „die" TUI ist, als „Reiseveranstalterin" bezeichnet hat, sondern als Reiseveranstalter. Offenbar hat der gesunde Menschenverstand hier ebenfalls noch ausgereicht. Zumindest in diesem einen Bericht dieses einen Berichterstatters.

In verschiedenen Zeitungsberichten war zu lesen: „Mehr Abiturienten beginnen Ausbildung" – hier hat möglicherweise die Einsicht gesiegt, dass eine Überschrift in erster Linie kurz und prägnant sein muss. Und würde ein Slogan nicht „Von

Bürgern für Bürger", sondern „von Bürgerinnen und Bürgern für Bürgerinnen und Bürger" lauten, würde man ihn seiner Knackigkeit und damit des Hauptmerkmals berauben, welches ein Slogan besitzen sollte. Und auch ein Aufmacher auf einer Titelseite macht sich einfach besser, wenn da nicht steht „Viele Katholikinnen und Katholiken sowie Protestantinnen und Protestanten glauben, ihre Kirchensteuer fließe vor allem in soziales Tun", sondern wenn kurz und bündig zu lesen ist „Viele Katholiken und Protestanten glauben, ihre Kirchsteuer fließe vor allem in soziales Tun."

Weniger die Tatsache als solche als die Verwendung der richtigen sprachlichen Form ist erfreulich bei der Meldung: „Jeder Vierte bekommt nur einen Niedriglohn". Allzu oft schleicht sich heute die schreckliche Formulierung „jede und jeder" oder auch „jeder und jede" ein, weil sonst befürchtet wird, dass bei der Formulierung „jeder" Frauen exkludiert würden, was jedoch einfach nicht stimmt.

Die Doppelung ist in einigen Fällen sogar absolut falsch, denn sobald es – wie in obigem Beispiel – um numerische Angelegenheiten welcher Art auch immer geht, würde die Verwendung von männlicher und weiblicher Form die Präzision der Aussage und ihre Richtigkeit schmälern. Eine Aussage wie „40 Prozent aller Patienten scheinen auf das Medikament anzusprechen" lässt sich nicht „geschlechtergerecht" formulieren. Alles jenseits des generischen Maskulinums verschiebt in einem solchen Fall die Information oder verfälscht den Inhalt der Aussage.

Der Hammer an gendergerechter Anpassungsfähigkeit wurde übrigens bei der NDR-Radiophilharmonie geschwungen: Sie präsentierte die Absolventen der *Akademie des NDR Elbphilharmonie Orchesters e.V.* allen Ernstes als „Akademist*innen". Ein sehr passender Kommentar dazu verdeutlichte, wie ein Großteil der Menschen über Wortschöpfungen dieser Art und die krampfhafte Verwendung gegenderter Sprache denkt: „Das eigentliche Anliegen, Mitfreude für die Musiker zu wecken, ist völlig in den Hintergrund getreten. Das war ein Bärendienst." Richtig: Man erweist einer Sache einen Bärendienst, wenn Aktivismus die Grenze des Absurden überschreitet, wie es zum Beispiel auch geschieht, wenn schräge Wortschöpfungen wie „Trump-Loyalist:innen und QAnon-Jünger:innen" das Licht der Welt erblicken. Apropos schräg: Da ist tatsächlich in einem Artikel zu lesen, dass die „Vorständin" (auch so eine wilde Neukonstruktion) der Heinrich-Böll-Stiftung von sich selbst sage: „Ich bin jemand, die ganz verschiedene Vorbilder*innen hat." Man könnte das für einen Witz halten (so wie das beliebte „Hähnchen*innenfilet") oder zumindest für eine Überzeichnung, aber leider wurde dieser sprachlich so furchtbar falsche Satz offenbar im Brustton geschlechtergerechter Überzeugung gesagt und es bleibt die bange Frage: Wo soll das alles noch enden?

Das immer wieder gebetsmühlenartig vorgetragene Argument, wonach Sprache sich ständig wandele und das Denken dies beeinflusse, ist keines. Vielmehr sind es Realität und Alltag, durch die sich Sprache langsam verändert. Hunderttausende Jugendliche sagen nicht „Digga", weil das irgendjemand so beschlossen und eingeführt hat, sondern weil einer damit begonnen hat und viele andere es bereitwillig übernommen haben. Durchsetzen konnte es sich jedoch vermutlich nur, weil sich eine große Mehrheit von Jugendlichen mit der Nutzung einer solchen Bezeichnung auf irgendeine Weise identifizieren kann. Bei der Gendersprache ist das nicht der Fall: Hier wird nur immer wieder mit Nachdruck darauf hingewiesen, dass diese „antidiskriminierend" und damit „gerechter" und folglich besser sei. Einige wenige identifizieren sich damit – in vielen Fällen auch aus Mangel an hinreichender Information.

Vernachlässigt wird bei der Nutzung von Gendersprache grundsätzlich, dass – auf diesen Sachverhalt wurde im Vorfeld bereits hingewiesen – grammatikalisches und natürliches Geschlecht in der deutschen Sprache zwei völlig unterschiedliche Formen sind. Hat man dies verstanden, entpuppt sich das Problem ungerechter Sprache als das, was es letzten Endes ist: Ein de facto nicht vorhandenes Problem, das nur im Denken einiger weniger existiert. Diese täten gut daran, das generische Maskulinum als das zu akzeptieren, was es ist: eine geschlechtsneutrale Form. Damit wäre das vermeintliche Problem, dessen vermeintliche Lösungsansätze sich immer mehr verselbstständigen, auf einen Schlag gelöst.

Denn alle diese Vorschläge sind keine Problemlösungen, da sie spätestens in der gesprochenen Sprache scheitern. Demnach kann die Suche bzw. das Finden einer sogenannten gendergerechten Sprache mitnichten als Weg zu mehr Gleichberechtigung der Geschlechter betrachtet werden, sondern ausschließlich als zerstörerischer Eingriff in eine gewachsene Sprache. Besser wäre hier die weitreichende Erkenntnis, dass das generische Maskulinum in diesem Zusammenhang überhaupt keinen Schaden anrichtet, sondern vielmehr als neutrale Form tatsächlich alle anspricht, die jeweils angesprochen werden sollen.

Irgendwo war einmal zu lesen: Das generische Maskulinum ist tot. Wäre das tatsächlich der Fall, wäre es jedoch keines natürlichen Todes gestorben, sondern mutwillig und vorsätzlich getötet worden. Doch es sieht zum Glück so aus, als sei dies ein Trugschluss – und das generische Maskulinum noch recht lebendig.

Daher sollte seine Erhaltung oberste Priorität haben, nicht nur, weil es so viel besser ist als sein von Ideologen zerstörter Ruf, sondern weil es unserer Sprache etwas schenkt, das keine noch so „progressive", „gerechte" und vermeintlich bessere Sprechform ihr zu schenken in der Lage ist: Klarheit,

Präzision und Eindeutigkeit. Die Verwendung des generischen Maskulinums ermöglicht es, dass der Fokus auf der Botschaft liegt und nicht auf der Haltung, die neben der eigentlichen Information noch mit in die Nachricht gepackt wird. Somit sorgt es für eine neutrale und sachliche Information in allen Bereichen.

Einzelne Lichtblicke geben immer wieder Anlass zu der Hoffnung, dass das generische Maskulinum nicht auf verlorenem Posten steht. So konnte man vor einiger Zeit feststellen, dass es selbst in der notorisch gendernden Hochschullandschaft erfreuliche Ausnahmen von dieser Sprachzerstörung gibt. Dort wurde nämlich der Titel „Professor des Jahres" einer Frau verliehen. Und auch bei der Bundeswehr gibt es – selbst wenn aus politischem Korrektheitsgefühl heraus zumindest in den Medien immer von „Soldatinnen und Soldaten" gesprochen wird – selbstbewusste Frauen, die es nicht nötig haben, im Wege einer Sprachveränderung Aufmerksamkeit zu erregen. So stellt eine angehende Dirigentin bei der Bundeswehr dann auch in einem Interview ganz sachlich fest: „Wir sind Soldaten, aber auch Musiker." Hier wird endlich einmal wieder deutlich, dass es auf die Profession ankommt und nicht auf das Geschlecht, dass Sachlichkeit größere Bedeutung hat als ideologischer Eifer.

Zum Glück gibt es auch immer wieder Situationen, in denen selbst der öffentlich-rechtliche Rundfunk wie selbstverständlich das generische

Maskulinum nutzt. Dies sind zumeist Situationen, in denen man um diese Form ohnehin nicht herumkommt (und es auch vollkommen überflüssig ist, einen solchen Zustand anzustreben). Das sieht man zum Beispiel an einer Umfrage, die in der ARD zum Tag der Deutschen Einheit erhoben wurde. Da wird ganz ohne Bedenken in unterschiedlichen Diagrammen Fragestellungen nachgegangen wie „Fühlen Sie sich 33 Jahre nach der Wiedervereinigung als Bürger zweiter Klasse?" oder auch „Fühlen Sie sich 33 Jahre nach der Wiedervereinigung eher als Westdeutscher, als Deutscher oder als Ostdeutscher?" Unfassbar: Hier werden Frauen ganz problemlos mit dem generischen Maskulinum angesprochen. Politisch korrekt müsste es heißen: „als Bürgerin oder Bürger zweiter Klasse", „als Westdeutscher oder Westdeutsche", „als Deutscher oder Deutsche" oder „als Ostdeutscher oder Ostdeutsche". Merkt aber jeder selbst, wie albern das wäre, oder? Also greift man hier wieder auf Altbewährtes zurück, und siehe da: Tut gar nicht weh!

Umso fassungsloser ist man dann jedoch wieder, wenn in einem Zeitungsartikel zunächst ganz lässig die Rede von „Wissenschaftlern", „Bürgern" und „Studenten" ist, dann jedoch dieser angenehm sachliche Stil im nächsten Absatz abrupt mit dem Begriff „Mitarbeitende" unterbrochen wird. Das ist ebenso wenig stringent wie es sachlich falsch ist. Ebenso gibt es immer wieder Beiträge, in denen es zunächst um „Mitarbeitende" geht und ein paar

Zeilen später dann von „Mitarbeitern" gesprochen wird – jeweils sind gleichermaßen Frauen und Männer gemeint. Der vermeintlich sprachsensible Effekt verpufft also sofort wieder, und insofern ist es absolut überflüssig, derart ungeschickte Eingriffe in die Sprache vorzunehmen.

Zu Recht wird das generische Maskulinum von seinen Befürwortern als ökonomisch und praktikabel erachtet. Es ist in keiner Weise diskriminierend, es in Zusammenhängen zu verwenden, in denen die Geschlechtszugehörigkeit schlicht und ergreifend unerheblich ist. Werden „alle Wähler" zur Stimmabgabe aufgefordert, gilt das für die Gesamtheit der Wahlberechtigten, und nicht nur für die Männer unter ihnen. Es würde fast schon ein wenig paranoid anmuten, wenn diese Geschlechtsneutralität negiert würde, wenn Frauen sich hier tatsächlich nicht „angesprochen" fühlten und stattdessen eine Übermacht des Patriarchats witterten.

Zu alledem mehren sich Medienberichte, die die kritischen Aspekte der Gendersprache beleuchten. Und nicht nur das: Auch und sogar von wissenschaftlicher Seite wird zuweilen gegengesteuert. In den Ruhrnachrichten vom 27. April 2023 erscheint in diesem Zusammenhang ein Artikel mit folgender Überschrift: „Neue Studie gibt Kritikern des Genderns recht: „Sprache wird zur Stotter- und Trümmerwüste".

Feministisches Selbstbewusstsein, um das es ursprünglich – wie eingangs umrissen – bei der angestrebten Etablierung der Gendersprache ging, zeigt sich übrigens auf vielfältige andere Weise und braucht daher überhaupt keine Auswüchse einer gegenderten Sprache. So war in einem sozialen Medium folgende Anzeige zu lesen: „Möchtest du als Coach, Beraterin oder Dienstleisterin tätig sein?" Das dazugehörige Bild zeigt zwei sympathisch wirkende Frauen, die andere Frauen motivieren möchten: Natürlich, voller Selbstbewusstsein, nicht zwanghaft gendernd, um „anzusprechen", weil es für sie offenbar ganz selbstverständlich ist, dass ein „männlich gelesener" Coach natürlich auch eine Frau sein kann. Es könnte so einfach sein. Im Übrigen gibt es sogar Chefinnen, die von ihren Mitarbeitern im dienstlichen Umfeld ausdrücklich die Verwendung des generischen Maskulinums fordern. „Privat können Sie reden, wie sie wollen", lautet die Ansage in diesem Fall. Amüsant ist übrigens ganz nebenbei, dass im privaten Umfeld die wenigsten Menschen gendern. Selbst die, die von sich sagen, dass sie gendern, nutzen beim Erzählen, meistens aus alter Gewohnheit, und weil es einfach geschmeidiger ist, immer wieder das generische Maskulinum.

Und es kann nicht oft genug betont werden: Die meisten Menschen in Deutschland wollen Gendersprache nicht. Etliche Umfragen haben ergeben, dass der Großteil der Bevölkerung keinen Wert auf gendergerechte Sprache legt, sie sogar ablehnt. Und wer immer noch im Zusammenhang mit

Gendersprache von „Respekt" spricht, ignoriert schlicht, dass sich nicht nur eine kleine Gruppierung von Menschen respektiert fühlen möchte, sondern jedermann.

Der *Tagesspiegel* bezeichnete Ende November 2023 übrigens Gendersprache als „Kassengift" und verkündete, zumindest in seiner Printausgabe künftig davon abzusehen. Grund: zu viele Abo-Kündigungen. Wenn es um den schnöden Mammon und um Profitdenken geht, schaltet sich offenbar der gesunde Menschenverstand beziehungsweise das, was die große Allgemeinheit darunter verstehen mag, doch wieder ein wenig ein. Liest man inzwischen im Online-Bereich den Tagesspiegel, so fällt erfreulicherweise auch dort wieder häufiger die Nutzung des generischen Maskulinums auf. Immerhin!

Doch neben der künstlich herbeigeführten Änderung von Sprache zugunsten einer „richtigen" Haltung gibt es leider auch etliche andere Bereiche, in denen deutlich wird, dass gut gemeint nicht unbedingt gut gemacht ist, und dass die Tendenz in unserer Gesellschaft gerne dahin geht, Dinge, die als „gut" und „richtig" erachtet werden, so lange und so maßlos zu übertreiben, es damit so sehr auf die Spitze zu treiben, dass daraus nur noch ein „Zuviel des Guten" entsteht und von ehemals guten Absichten wenig Gutes übrigbleibt. Dazu mehr in den nachfolgenden Kapiteln.

II. Zu viel Political Correctness im gesellschaftlichen Miteinander

Auf den Informationsseiten der Bundeszentrale für politische Bildung ist zu lesen, dass die Diskussionen um Political Correctness oder "politische Korrektheit" seit mittlerweile fast vierzig Jahren den gesellschaftlichen Diskurs um die Meinungs- und Redefreiheit prägen und dass inzwischen selbst unter denjenigen, die der Political Correctness etwas Positives abgewinnen können, oft gemahnt werde, es damit nicht zu übertreiben.

Doch genau dies ist heutzutage immer häufiger zu beobachten. Die folgenden Kapitel befassen sich mit dieser übertrieben korrekten Haltung auf der einen Seite und auf der anderen Seite mit den moralisch-gesellschaftlichen Folgen für diejenigen, die einer solchen Auslegung nichts abgewinnen können. Vielfach entsteht nämlich inzwischen der Eindruck, als würden die Grenzen des öffentlich Sagbaren mehr und mehr verschoben und von Menschen neu gezogen, die für sich und ihresgleichen die absolute Deutungshoheit beanspruchen. Indem dies passiert, wird anderen jedoch die Fähigkeit aberkannt, eigene Schlüsse aus Situationen und Handlungen zu ziehen. Auch in diesem Fall möchte ebenfalls – wie schon bei der angestrebten Korrektur der vermeintlich ungerechten Sprache – eine Minderheit der Mehrheit vorschreiben, wie Sachverhalte zu interpretieren sind und wie man folglich damit umgehen muss. Das grenzt in einigen Fällen an Zensur und beschneidet zumindest teilweise empfindlich das hohe Gut der Meinungsfreiheit.

Falsch verstandene Political Correctness treibt teilweise unfassbare Blüten im Namen einer guten und richtigen Haltung. In radikalster Ausprägung grenzt sie an etwas, das von Kritikern auch schon einmal mit dem Begriff „betreutes Denken" umschrieben wird. Dass diese Einschätzung keinesfalls abwegig ist, zeigen die kommenden Beispiele.

Betreutes Denken am Beispiel von Literatur

Falsch verstandene Political Correctness nimmt in der heutigen Zeit auf immer absurdere Weise überhand. Wer sie zum Maßstab erhebt, ordnet ihr alle anderen Belange unter. Auf diese Weise wird dann auch schon einmal – so geschehen bei bestimmten literarischen Werken – zugunsten einer korrekten Haltung eine eigentlich nicht tolerierbare Geschichtsleugnung billigend in Kauf genommen. Und das wirkt sich zuweilen immer problematischer aus.

Wenn es nämlich beispielsweise so weit geht, dass in einem historischen Roman über die Nazizeit jeder – heutzutage verfassungswidrige – Hitlergruß durch ein unbedenkliches „guten Tag" ersetzt werden würde, käme der Mut derer, die sich in damaliger Zeit auflehnten und tatsächlich aus Überzeugung nur „guten Tag" anstelle des Hitlergrußes sagten, überhaupt nicht hinreichend zur Geltung. Vielmehr würde diese Form von Zivilcourage und Widerstand durch eine solche politisch korrekte Glättung vollkommen nivelliert. Es ist daher in keiner Weise zielführend, wenn der heutige Zeitgeist als Maßstab aller Dinge auf Zusammenhänge angewendet wird, die unter dem Einfluss anderer gesellschaftlicher Situationen stattgefunden haben. Doch nichtsdestotrotz ist Literatur einer der Bereiche, in dem inzwischen permanent irgendwo „nachgebessert" wird.

So wurden vor einiger Zeit zum Beispiel wieder einmal die Eigenschaften der von dem Schriftsteller Ian Fleming erschaffenen fiktiven Figur James Bond heiß diskutiert. Bond gilt als frauenfeindlich und sexistisch, und aus einem übersteigertem Problembewusstsein heraus wurde nun tatsächlich überlegt, die Romanvorlagen in dieser Hinsicht zu überarbeiten. Allerdings müssen sich diese vermeintlich so problembewussten Menschen dann auch die Frage gefallen lassen, worin genau sie eigentlich das Problem sehen. Natürlich ist James Bond streckenweise sexistisch und frauenfeindlich. Doch in Flemings Romanen wird mit Bond ein Charakter beschrieben, der in der Realität seit eh und je und bis zum heutigen Tag nicht selten genauso vorkommt. Wer ist so naiv zu glauben, dass Frauenfeindlichkeit aufhören könnte, wenn man ihre Vertreter – egal, ob sie nun fiktiv sind oder real existieren – verbal kastriert?

Das ist ebenso absurd wie die Überzeugung, dass man mit einer sogenannten „geschlechtergerechten" Sprache reale Missstände eliminieren könnte. All dies ist bei genauer Betrachtung nur Kosmetik, und wer sich darauf ausruht und glaubt, allein mit der richtigen Haltung etwas Gutes und Sinnvolles zu bewirken, glaubt vermutlich auch, dass ein Zitronenfalter Zitronen faltet. Angesichts dieser Problematik ist es auch mehr als nachvollziehbar, dass Forderungen dieser Art nicht zwingend auf fruchtbaren Boden fallen. Im Gegenteil: Die meisten Menschen sind der Meinung, dass

Werke jeglicher Art immer im Kontext der Weltanschauung während der Zeit, in der sie entstanden, zu sehen sind.

Niemand käme im Normalfall auf die Idee, Bilder großer Künstler zu übermalen. Wie also können sich einige vermeintlich Berufene erdreisten, Literatur umzuschreiben beziehungsweise zu „entschärfen", wie das im Fall von Ian Flemings Romanen sehr euphemistisch bezeichnet wird? Mit einem solchen Vorgehen werden Urheberrechte verletzt und damit der Wert des geistigen Eigentums mit Füßen getreten.

Bei einer Thematik dieser Art ist es eindeutig eher sinnvoll, auf bestimmte Zusammenhänge, die als problematisch empfunden werden könnten, erklärend einzugehen. Der Fairness halber muss an dieser Stelle erwähnt werden, dass dies bei James Bond zwischenzeitlich tatsächlich in Teilen so erfolgt ist: Die jeweiligen Filme zur Romanvorlage enthalten nun einen Warnhinweis. Da ist dann im Vorspann zu lesen: „Das folgende fiktionale Programm wird in seiner ursprünglichen Form gezeigt. Es enthält Passagen, deren Sprache und Haltung aus heutiger Sicht diskriminierend wirken können." Dazu kann man stehen, wie man will, viele Menschen halten es für unnötig, auf diese Weise kognitiv an die Hand genommen zu werden, aber immerhin wird hier nicht am Original herumgepfuscht.

Was allerdings dennoch nachdenklich stimmt, ist, dass auf der einen Seite vor Sexismus und einer besonderen Fokussierung auf sexuelle Inhalte in dieser Art Filmen gewarnt wird, während auf der anderen Seite eine immer stärker ausgeprägte Sexualisierung in allen Bereichen des alltäglichen Lebens festzustellen ist. So gibt es beispielsweise Dokumentationen, in denen unter dem Aspekt der Diversität, Offenheit und Vielfalt Personen ihre jeweiligen sexuellen Neigungen in epischer Breite und Detailverliebtheit beschreiben. Es ist denkbar, dass sich Otto Normalverbraucher – im „schlimmsten" Fall weiß, männlich und heterosexuell – davon möglicherweise unangenehm berührt oder gar belästigt fühlt, weil er eben in diesem Fall keinen Warnhinweis „hier werden sexuelle Inhalte thematisiert" erhalten hat. Würde er dieses Unbehagen öffentlich artikulieren, müsste er sich vermutlich schon bald darauf mit dem Vorwurf der Intoleranz auseinandersetzen.

Das Problem der Warnhinweise ist, dass ihre Verteilung – egal in welchem Genre – offenbar mit zweierlei Maß erfolgt. Da werden dann Humorklassiker, wie zum Beispiel alte Shows von Otto Waalkes, mit einem Warnhinweis versehen, weil sie „diskriminierende Inhalte" enthalten könnten. Ein an Horst Seehofer gerichtetes „Fick dich, Opa" von Jan Böhmermann hingegen bleibt unkommentiert, scheint demnach also wohl – zumindest für politisch Korrekte – in Ordnung zu sein. Da muss man sich dann als einigermaßen geradeaus denkender Mensch die Frage stellen, ob Otto Waalkes tatsächlich der böse Ketzer ist, während Jan Böhmermann, der sich natürlich selbst auf der „richtigen" Seite wähnt und seine Scherze grundsätzlich auf Kosten der „nicht so Guten" macht, großzügig als spitzzüngiger Satiriker durchgewunken wird. Es verwundert bei einer solchen Doppelmoral der Verantwortlichen nicht, dass dahinter immer häufiger politische Interessen vermutet werden.

Auch bei „Ein Herz und eine Seele", einer Fernsehserie aus den Siebzigerjahren, erscheint inzwischen ein Warnhinweis. Man traut offenbar von verantwortlicher Seite dem Durchschnittsbürger nicht mehr zu, sich selbstständig ein Bild davon zu machen, wie Meinungen auch einmal etwas extremer daherkommen können und dass genau dies auf satirische Weise in der Serie überzeichnet wird. Vielleicht sollte Jan Böhmermann auch Ekel Alfred ein lautes „Fick dich, Opa" zurufen?

Doch noch einmal zurück zum bereits erwähnten Thema Urheberrechtsverletzung: Es geschieht heute immer häufiger, dass Textwerke jeglicher Gattungen aus politisch korrekter Perspektive „überarbeitet" werden. So gab es zum Beispiel im Jahr 1984 einen riesengroßen Hit, mit dem Klaus Lage damals die Charts stürmte. Er heißt „1000 und 1 Nacht (Zoom!)" und wie es aussieht, begeistert der Hit auch rund 40 Jahre später immer noch so sehr, dass Florian Silbereisen und Beatrice Egli ihn im vergangenen Jahr als Coverversion präsentierten. Da sie dies jedoch im öffentlich-rechtlichen Rundfunk taten, fühlten sie sich bemüßigt, den Text vorab politisch korrekt zu „glätten". Aus der Textzeile „Erinnerst du dich, wir haben Indianer gespielt" machten sie daher kurzerhand „Erinnerst du dich, wir haben zusammen gespielt", weil sie das Wort „Indianer" mit Blick auf Postkolonialismus als problematisch sahen. Verständlicherweise war der Autor des Textes, Dieter Dehm, nicht begeistert. Er stellte Strafanzeige. Seinem Ärger machte er zudem mit folgender Aussage Luft: „Ich bestehe aber nicht nur auf Texttreue, sondern auch darauf, dass meine Kinder, Enkel und Ur-Enkel wo und wann immer sie wollen, 'Indianer spielen' dürfen; so wie hoffentlich auch junge Indigene ewig und überall auf der Welt 'alte weiße Männer' spielen dürfen sollen." Ein Satz, über den es sich tatsächlich nachzudenken lohnt.

Einer, dessen Lieder inzwischen ebenfalls in die politisch korrekte Mangel der heutigen Zeit genommen werden, ist der großartige, leider bereits 2014 verstorbene Liedermacher Udo Jürgens. Die Texte seiner Lieder überzeugten schon vor Jahrzehnten durch ausgeprägte Sozialkritik und er war bekannt dafür, seinen Finger auf musikalisch geniale Weise in die eine oder andere Wunde zu legen.

In seinem Lied „ein ehrenwertes Haus" besingt er beispielsweise die Doppelmoral des Spießbürgertums, die unterschiedlichen Maßstäbe, die angelegt werden, wenn es um das Thema „An-stand" geht.

„… denn dies ist ja ein ehrenwertes Haus" ist die Begründung all derer, die dort wohnen und die – um hier einmal einen Bibelvers zu bemühen – zwar den Splitter im Auge der anderen sehen, den Balken in ihrem eigenen jedoch nicht wahrnehmen. Da fordern Mieter den Auszug eines Pärchens aus ihrem Mietshaus mit der Begründung „… denn eine wilde Ehe, das passt nicht in dieses ehrenwerte Haus". Und weiter singt Udo Jürgens: „Es haben alle unter-schrieben, schau dir mal die lange Liste an", und dann zählt er sie auf, all die „anständigen" Men-schen, die zwar offensichtlich von der Sorge um ih-ren „guten Ruf" getrieben sind, aber alle auf ihre Weise Dreck am Stecken haben. Mit diesem Lied verurteilt Udo Jürgens Intoleranz jeglicher Art. Umso unverständlicher ist es, dass sich einige Un-verbesserliche aus politisch korrekter Motivation heraus nun an einigen seiner Texte abarbeiten.

Und dabei ist es wieder einmal der öffentlich-rechtliche Rundfunk, den offenbar ein schamerfüll-tes, zumindest aber überaus problembewusstes „Das geht ja gar nicht" umtreibt. Zum einen die ARD, die bei dem Klassiker „Vielen Dank für die Blumen" ganz dreist eine komplette Passage zen-siert und sich zudem noch nicht einmal auf Nach-frage zu ihren Beweggründen äußert. Fakt ist, dass es bei den gestrichenen Liedzeilen „Ich wusste ganz genau, dass diesmal alles klar war, sie schlug die

Augen zu mir auf und sagte dann: Du bist der schönste Mann, der für mich jemals da war – ich heiße Dieter, und mit dir fang' ich was an!" um eine Dragqueen geht.

Was genau die ARD nun zu einem so drastischen Schritt bewogen hat und welche Form von Diskriminierung hier befürchtet wurde, bleibt leider der Fantasie überlassen. Es mutet aber definitiv merkwürdig an vor dem Hintergrund, dass eigentlich sexuelle Vielfalt inzwischen auf jede nur erdenkliche Weise gefeiert wird. Möglicherweise handelt es sich jedoch einfach um eine Art vorauseilenden Gehorsam für den Fall, dass jemand etwas daran findet, das nicht in Ordnung sein könnte.

Und dann war da noch das ZDF, das für die *Giovanni-Zarella-Show* bei der Interpretation des Evergreens „Aber bitte mit Sahne" die Textzeile „nur ein Mohrenkopf täglich, denn Ordnung muss sein" gestrichen hat. Du liebe Güte, da hat der Udo damals doch wirklich das „böse" Wort „Mohrenkopf" in den Mund genommen! Da muss man natürlich sofort Abhilfe schaffen.

Und prompt titeln einige Medien, als sie dieser Tatsache gewahr werden, in großen Lettern: „Rassismus-Vorwurf: ZDF ändert Songtext von Udo Jürgens". Doch wenn man Udo Jürgens eines nicht vorwerfen kann, dann Rassismus, denn in seinem bereits erwähnten Hit „Ein ehrenwertes Haus" findet sich unter anderem die Textzeile „die Witwe, die verhindert hat, dass hier ein Schwarzer einzieh´n kann". Damit kritisiert er auf seine Weise und bereits lange, bevor das gemeinhin zum guten Ton gehörte, Alltagsrassismus auf das Schärfste.

Was übrigens den Begriff „Mohren" beziehungsweise im Singular „Mohr" betrifft, so wird dieser vollkommen unberechtigt permanent in ideologischer Nähe zum „N-Wort" verortet. In den Augen besonders korrekter Zeitgenossen ist er daher heute einfach nur ein „No-Go". Vor diesem Hintergrund und in diesem Bewusstsein beschloss man in Berlin schließlich, die Mohrenstraße im Bezirk Mitte umzubenennen. Apothekenbetreiber sind inzwischen teilweise üblen Shitstorms ausgesetzt, weil sie mit „Mohrenapotheke" ein vermeintlich rassistisches Wort im Namen ihres Unternehmens führen.

Rassistisch? Wer bei Mohr nur an das Sprichwort „der Mohr hat seine Schuldigkeit getan, der Mohr darf gehen" denkt, blendet vollkommen aus, dass der Begriff „Mohren" einigen Sprachwissenschaftlern zufolge abgeleitet ist von „Mauren". Die Mauren wiederum waren im Mittelalter hochangesehen aufgrund ihres pharmazeutischen Wissens. Nicht umsonst wird der Begriff daher bis zum heutigen Tag oft im medizinischen Kontext (so eben im Namen von Apotheken) verwendet. Aber wer so kurzsichtig ist und möglicherweise nur an „schwarz" und damit an „wird grundsätzlich diskriminiert" denkt, muss dem natürlich schnell entgegentreten. Da stellt sich dann allerdings die Frage, wer tatsächlich rassistisch ist: der, der nur ein Wort verwendet oder der mit den einseitigen Hintergedanken.

Wer überdies aus dem traditionellen Mohrenkopf aufgrund eines übersteigerten Problembewusstseins einen „Schaumkuss" macht, vernachlässigt den Aspekt, dass vermutlich nicht ein einziger Mensch jemals einen herabwürdigenden Gedanken im Zusammenhang mit dieser Süßigkeit hatte. Und was bitte bringt ein Ausmerzen eines Wortes? Auch beim „N-Wort", das offenbar nur noch in dieser abgekürzten Form existiert, ist klar: Jeder weiß dennoch (und denkt auch nichts anderes), wie das „N-Wort" ausgeschrieben aussieht. Und jeder wird seine eigene Konnotation dazu haben.

Hinsichtlich der kollektiven Empörung einiger beim Thema „Mohr" kommt übrigens erschwerend hinzu, dass gerade in solchen Fällen immer wieder Menschen ausschließlich stellvertretend aktiv werden. Es sind also sie und nicht etwa vermeintlich Betroffene, die hier offenbar entscheiden, was als diskriminierend zu erachten ist. Diese Tatsache stört beispielsweise Andrew Onuegbu sehr. Er ist in Nigeria geboren und besitzt seit 2001 die deutsche Staatsbürgerschaft. Als Gastronom führt er in Kiel das Restaurant „Zum Mohrenkopf" und musste sich in der Vergangenheit bereits allerlei Beschimpfungen, dass dieser Restaurantname rassistisch sei, anhören. Dabei sollte seine persönliche Haltung allen politisch so überaus korrekt denkenden

Menschen sehr zu denken geben. Er ist nämlich der Ansicht, dass Rassismus nicht in Namen oder Logos steckt, sondern in den Herzen der Menschen. Und vor allem hat er klargestellt, dass er sich nicht von anderen sagen lassen will, wann seine Gefühle verletzt sind. Diese Aussage zeigt deutlich: Hier wird eine Stellvertreterdebatte geführt, die nur wenig zielführend sein kann.

Der Wunsch, besonders sensibel mit dem Thema Hautfarbe umzugehen, führte dazu, dass nun Jim Knopf auf dem Titelbild des gleichnamigen Klassikers von Michael Ende in der Neuauflage „weniger schwarz" dargestellt wird. Das soll antidiskriminierend sein. Wenn Arielle jedoch in der Neuverfilmung nun nicht mehr weiß, sondern dunkelhäutig ist, dann steht das für Vielfalt.

Ob das alles noch Sinn ergibt, darf jeder für sich selbst herausfinden. Und ganz nebenbei: Mark Twain hat schon vor langer Zeit gegen Rassismus gekämpft. Wenn er in einem Roman „Die Abenteuer des Huckleberry Finn" vom „Nigger" Jim erzählte, kennzeichnete er mit dieser Bezeichnung dessen rechtlose Situation und prangerte zugleich die Ungerechtigkeit dieser Zeit an. Wer das nun als Rassismus zensieren will, hat überhaupt nichts verstanden.

Hier geht es nicht um ein Verhindern von Diskriminierung, dies hier ist eindeutig wieder ein Fall von „zu viel des Guten". Aus ideologischer Motivation wird schamlos und übergriffig am Werk anderer herumgedoktort. Und um nun die Krönung literarischer Respektlosigkeit hier nicht außen vor zu lassen: Selbst vor den Brüdern Grimm, ihres Zeichens Begründer der Germanistik und Erforscher der Wurzeln deutscher Sprache, machen Bessermenschen in ihrem Wahn, alles ein wenig „gerechter" zu machen, nicht halt. Grimms bekanntestes Märchen „Schneewittchen" wird derzeit auf unterschiedliche Weise entstellt, gekürzt und verstümmelt, damit es heutigen Vorstellungen politischer Korrektheit entspricht.

Den respektlosesten Fauxpas leistet sich dabei die Filmproduktionsgesellschaft Disney mit der Neuverfilmung des Märchens: Sie schafft darin die Zwerge ab, weil sie „keine Stereotype verstärken" möchte. Damit werden der gesamte Inhalt und die Botschaft des Märchens verfälscht. Schneewittchen wird zudem von einer Schauspielerin mit lateinamerikanischen Wurzeln gespielt.

Jeder, der mit Grimms Märchen aufgewachsen ist, kennt die Zeile „weiß wie Schnee, rot wie Blut und schwarz wie Ebenholz." Damit ist Schneewittchens Phänotyp, und da vor allem ihre sehr blasse Haut, nun einmal eindeutig beschrieben und Disney betreibt aus vollkommen übertriebener politischer Korrektheit hier eine selbst für juristische Laien klar erkennbare Urheberrechtsverletzung. Anstatt sich mit einer derart schlechten Kopie auf den Lorbeeren anderer auszuruhen und damit auch noch Geld scheffeln zu wollen, sollte man dann doch lieber etwas eigenes schaffen. Das darf dann gerne auch divers, woke oder sonst etwas und damit doppelt und dreifach politisch korrekt sein.

Woke – vom Modewort zum Schimpfwort

Ein Begriff, der in der Debatte um politische Korrektheit nicht fehlen darf, ist das bereits erwähnte Wort „woke". Grundsätzlich ist „woke" zu sein sicher zunächst einmal eine gute Eigenschaft, denn man richtet sich damit gegen das, was anderen Menschen auf diskriminierende Weise schadet. Doch wie in so vielen Fällen ist auch hier wieder eine Neigung zu vollkommener Übertreibung des „Guten" zu beobachten, weshalb sich dann auch wieder nur mit Ernüchterung konstatieren lässt, dass ein Zuviel sehr großes Potenzial für Spaltung birgt und am Ende nichts Gutes hervorbringt. Der Schweizer Philosoph Eduard Kaser nimmt gerne einmal bestimmte Phänomene des Alltags unter die Lupe. Er hat den Begriff „Wokeness-Kitsch" etabliert und sich dazu wie folgt (veröffentlicht in Neue Zürcher Zeitung, 5. Oktober 2023) geäußert:

„Wokeness bedeutet ein Bewusstsein für die oft unsichtbaren und ‚normalen' Ungerechtigkeiten und Diskriminierungen im sozialen Leben. Wokeness-Kitsch dagegen ist eine Dauererregtheit, die überall Ungerechtigkeiten und Diskriminierungen wittert, nach Triggern der Empörung Ausschau hält. Eine ‚indignatio praecox'. Wir empören uns, um uns gut zu fühlen. Und das heisst vor allem: besser als die anderen." Diese Einschätzung trifft den Nagel auf den Kopf. Tag für Tag liefern immer wieder neue „Aufreger"-Situationen die Bestätigung dafür.

Einen entscheidenden Beitrag zu diesem Ergebnis, sich besser als die anderen zu fühlen, leisten viele Medien. Unabhängig davon, ob sie sich in ihren Online-Ausgaben nur Klicks sichern und damit wirtschaftlichen Erfolg generieren möchten, suggerieren sie eine Dominanz von Meinungen, die so nicht gegeben ist. Beispielsweise fielen sie kollektiv über den Schauspieler Richard Dreyfuss her, weil dieser sich wagte, aus seiner Sicht überzogene Regeln für Diversität bei einer Filmproduktion zu beanstanden. Statt daraufhin sachlich mitzuteilen, dass seine Ansicht eine Debatte entfachte (und das Wesen der Debatte ist nun einmal auch, dass sie vielfältige Meinungen zulässt), lautet die Überschrift tatsächlich nur recht einseitig „Kritiker sind entsetzt". Glücklicherweise sieht man dann aber an den vielen Kommentaren, die unter solchen Artikeln von Online-Medien zu lesen sind, dass die Reaktionen auf Vorkommnisse dieser Art viel weiter auseinandergehen, als es der erste Eindruck vermittelt.

Bei der Gelegenheit: Was ist überhaupt Diversität? Das Wort kommt aus dem Lateinischen und bedeutet Vielfalt beziehungsweise Vielfältigkeit. Im gesellschaftlichen Kontext geht es darum, dass die Menschen allesamt unterschiedlich sind – hinsichtlich des Aussehens, der Herkunft, der Bildung, der Geschlechtsidentität und sexuellen Orientierung, der Religion, des Alters und der jeweiligen Einstellungen. Wenn heute von Diversität die Rede ist, geht es in erste Linie um Akzeptanz und Wertschätzung individueller Unterschiede.

Auch hierbei kommt man zum selben Fazit, wie bei allen anderen vorangegangenen Themen: Im Grundsatz ist die Sensibilisierung für Diversität etwas sehr Gutes, doch die Bemühungen, Diversitätsdenken und Diversitätsakzeptanz mit der Brechstange durchzusetzen, sind zum Teil vollkommen übertrieben, leider vielfach sehr einseitig und daher im Ergebnis oft gar nicht gut. Das fällt vor allem in den Bereichen Marketing, Film und Fernsehen auf, denn auch Diversität ist etwas, das in erster Linie wieder durch „die Medien" kolportiert wird.

In diesem Kontext finden sich nun beispielsweise in den neueren Drehbüchern deutschsprachiger Produktionen des öffentlich-rechtlichen Rundfunks fast ausschließlich betont diverse Menschenkonstellationen: In beinahe jedem Setting gibt es inzwischen mindestens ein homosexuelles Paar, eine Führungspersönlichkeit mit Migrationshintergrund, Kinder oder Erwachsene, die noch auf der Suche nach ihrer geschlechtlichen Identität sind oder sie gerade gefunden haben und sich outen, oft auch alles zusammen, alles in dem Bestreben, dies als "neue Normalität" zu präsentieren. Unabhängig davon, dass es natürlich vollkommen in Ordnung ist, wenn beispielhaft genannte Identitäten in beispielhaft genannten Funktionen oder Rollen zu sehen sind, ist es aber nicht das, was im Alltag ständig und genau in dieser Zusammensetzung vorkommt.

Dies jedoch wird suggeriert, damit es auch der letzte „ewig Gestrige" kapiert: Hier und jetzt und ab sofort gilt Vielfalt! Das bedeutet jedoch, dass zum Beispiel der „normale" Fernsehzuschauer offensichtlich für vollkommen minderbemittelt gehalten wird, wenn man sich als Sendeanstalt wieder und wieder gezwungen sieht, ihn per Drehbuch zu "sensibilisieren" für die Vielfalt des sozialen Miteinanders.

Als problematisch wird dabei auch eine gewisse Vorhersehbarkeit bei der Durchsetzung von Vielseitigkeit wahrgenommen. Viele Netflix-Abonnenten fühlen sich offenbar davon gestört, dass inzwischen in fast allen Produktionen überbetont Frauen und Farbige die Guten und Starken sind oder aber finsteren Machenschaften zum Opfer fallen, wohingegen die „schlechten" Charaktere fast immer nur weiße Männer sind.

Wer woke ist, respektiert Diversität. So könnte man es kurz und knapp zusammenfassen. Doch Respekt ist ein gutes Stichwort, denn in heutiger Zeit entwickeln überzeugte Menschen im Namen von Wokeness teilweise radikale Handlungsmuster. Sie fordern zwar vehement Respekt ein, sind selbst jedoch von Respekt gegenüber den von ihnen als „privilegiert" erachteten Mitmenschen im Allgemeinen sehr weit entfernt. Das ist ein großes Problem, denn letzten Endes sollte klar sein, dass jedem Menschen – nicht nur potenziell diskriminierten Personen – grundsätzlich Respekt zusteht.

Vor diesem Hintergrund ist das vorliegende Buch entstanden, denn es thematisiert und dokumentiert, wo vermeintlich richtige Haltung gezeigt wird, während es gleichzeitig dramatisch an Respekt fehlt. Diese Seite der Medaille wird jedoch in der gesellschaftlichen Diskussion angesichts aktueller Herausforderungen vielfach nur als „Kleinkram", als „nebensächlich" betrachtet. Denn nicht selten muss man sich, wenn man sich mit solchen Themen beschäftigt, die Frage gefallen lassen: „Haben wir denn keine anderen Probleme?"

Die Antwort kann dann nur lauten: natürlich, sehr große andere Probleme sogar. Die Welt bewegt sich inmitten einer kaum in den Griff zu bekommenden Klimaproblematik, religiöser Fanatismus wird zu einer immer größeren Bedrohung friedlichen Zusammenlebens, Kriege erschüttern das Gefühl von Stabilität und Sicherheit, in dem man sich lange Jahre wiegen konnte. Und gerade weil wir diese brennenden Probleme zu bewältigen haben, muss genau die Frage „Haben wir denn keine anderen Probleme?" auch all denen gestellt werden, die nach wie vor durch penetrantes Daraufhinweisen, notorische Suggestion des „Korrekten" und eine teilweise sehr belehrenden Attitüde ein „neues", ein „fortschrittlicheres" Bewusstsein schaffen wollen. Wer an dieser Stelle nun auf die reine Freiwilligkeit hinweist und mit mildem Lächeln betont, dass es doch jedem gegeben und möglich sei, seine Meinung frei zu äußern und niemand zu irgendetwas gezwungen werde, ignoriert einige erschreckende Fakten: Denn wer genau das tut, wer seine politisch vielleicht nicht ganz so korrekte Meinung äußert, muss nicht nur riskieren, schräg angeguckt zu werden, sondern selbst Diskriminierung zu erfahren: wahlweise durch die Stigmatisierung als „alter, weißer Mann" oder gerne auch durch Zuweisung der Attribute „ewig gestrig", „rechts" oder gar „rechtsextrem" oder „rechtsradikal". Denn leider wird häufig von Diversitätsverfechtern vergessen (oder missachtet), dass Vielfalt sich auch in Meinungsvielfalt äußert.

Es ist ewig die Rede von Respekt, aber wo bleibt der Respekt vor den Bedürfnissen einer Vielzahl von Menschen, die per merkwürdiger Definition als „privilegiert" gelten und daher schön demütig die Klappe halten und woke Bestrebungen mitverfolgen sollen? Wo bleibt der Respekt vor den kognitiven Fähigkeiten der Menschen? Wo bleibt der Respekt vor Mehrheitsverhältnissen? Und ganz wichtig: Wo bleibt der Respekt vor der individuellen Meinung? Nehmen wir Otto Normalverbraucher, der es nicht gut findet, dass in einer katholischen – ausgerechnet in einer katholischen – Kita plötzlich das von der katholischen Kirche in früheren Zeiten stets hochgehaltene Familienmodell zum Auslaufmodell deklariert wird, weil die Konstellation „Mutter – Vater – Kind" nicht mehr zwingend als „normal" gelten soll. Artikuliert er dies öffentlich, kann es passieren, dass ein Sturm der Empörung über ihn hereinbricht. Doch man muss sich hier fragen, mit welcher Berechtigung dies geschieht. Denn trotz aller geforderten Offenheit und Toleranz im Denken und Tun muss beispielsweise die Frage erlaubt sein, wie es denn rein biologisch ablaufen soll ohne Mutter und Vater. Da wären wir dann wieder beim gesunden Menschenverstand.

Gar keine Frage: Jeder soll nach seinem Gusto glücklich sein und so leben, wie es den persönlichen Neigungen entspricht. Heutzutage sind vielfältigste soziale Beziehungsgefüge möglich und akzeptiert. Das ist auch sehr gut und wichtig. Aber man kann dennoch gepflegt davon ausgehen, dass die romantische Beziehung einer Frau zu einem Modellflugzeug (der Fachbegriff hierfür lautet übrigens Objektophilie) eher die Ausnahme ist und eben auch keine Möglichkeit für Nachwuchs eröffnet (was wesentlicher Bestandteil eines Familienmodells ist). Möglich ist eine solche Beziehung selbstverständlich, und natürlich wünscht man denen, die das so empfinden und ausleben wollen, auch von Herzen alles Gute. Aber es kann doch nicht sein, dass die Mehrheitsgesellschaft ihre Sprache und ihre gesellschaftlichen Denkstrukturen komplett an den Nagel hängen soll, nur weil es eben auch Beziehungen dieser Art gibt. Selbst wenn man die Gegebenheiten immer weiter anpasst und das Außergewöhnliche immer mehr zum Selbstverständlichen stilisieren möchte: Solche Vorlieben werden immer etwas

Besonderes bleiben und sich nicht als Norm etablieren.

Akzeptanz von Diversität ist also etwas sehr Wichtiges, sollte aber ganz klar keine Einbahnstraße sein. Gewachsene Strukturen teilweise zwanghaft umzukrempeln, ist etwas, das mehr Schaden als Nutzen anrichtet. Hier gilt ebenfalls wieder einmal: Gut gemeint, aber in vielen Fällen leider schlecht gemacht und solche Fälle haben letztlich dazu geführt, dass der Begriff „woke" heute in vielen Fällen eher als Schimpfwort denn als Kompliment verwendet wird: Es schwingt einfach eine unschöne Attitüde mit, wenn dadurch Menschen in „gut" und „nicht so gut" eingeteilt werden und es riecht und schmeckt nach Bevormundung.

Cancel Culture in der Unterhaltungsbranche

Im Zusammenhang mit Bevormundung kommt man am Thema Cancel Culture ebenfalls nicht vorbei. Cancel Culture ist ein politisches Schlagwort. Streng genommen versteht man darunter den Versuch, vermeintliches Fehlverhalten öffentlichkeitswirksam an den Pranger zu stellen und die sich vermeintlich falsch verhaltende Person zu ächten und zu boykottieren. Auf diese Weise wird teilweise massiver gesellschaftlicher Druck ausgeübt. So viel zur Begrifflichkeit.

Cancel Culture ist inzwischen in vielen Bereichen anzutreffen, so auch vermehrt auf dem weiten Feld der Unterhaltung. Irgendwann einmal vor langer Zeit galt die Prämisse, dass Satire alles darf. Davon ist man in Zeiten übertriebener politischer Korrektheit jedoch meilenweit entfernt. Es gibt inzwischen sogar Künstler, die ihre Bühnenkarriere beenden, weil sie den Eindruck haben, dass im Publikum immer Leute sitzen, die alles mitschreiben und sofort auf einer Social-Media-Plattform posten, sobald sie etwas wittern, das nicht korrekt sein könnte und worüber sie sich dann lautstark empören müssen. Den Ärger, den diese Künstler dann wochenlang damit haben, dass sie letztlich nur ihren Job gemacht haben, wollen sie sich ersparen. Die allgemein beklagte Sittenverrohung ist übrigens nicht selten genau bei den Menschen zu finden, die meinen, das Gute und Richtige für sich gepachtet zu haben. Im Namen politischer Korrektheit verschieben sie mitunter die Grenzen des gesellschaftlichen Miteinanders auf penetrante und teils gar radikale Weise.

Der Kabarettist Dieter Nuhr, der allen politisch korrekten Umtrieben im öffentlich-rechtlichen Rundfunk zum Trotz nach wie vor mit seiner Sendung „Nuhr im Ersten" einen festen Platz in der ARD hat, sieht es folgendermaßen: „Umstritten zu sein ist für einen Kabarettisten erst mal ein Lob. In letzter Zeit hat das Wort aber einen anderen Sinn in unserer Gesellschaft bekommen: Als umstritten wird jemand bezeichnet, den man gerne aus dem Diskurs raushätte. Wenn man heutzutage Dinge ausspricht, auf die sich nicht alle einigen können, bekommt man schnell das Etikett ‚umstritten' umgehängt. Damit gilt man als heiß und fettig. Finger weg." (Quelle: s.u.)

Dieter Nuhr ist jemand, der übertriebene politische Korrektheit gerne auf die Schippe nimmt. Und auch er muss sich phasenweise damit auseinandersetzen, dass ihm eine politische Gesinnung unterstellt wird, die nicht den Tatsachen entspricht. Zum Thema Cancel Culture sagt er im Interview: „Ich wurde nie gecancelt, weil die Cancel Culture in meinem Fall gescheitert ist. Versuche gab es genug. Das Scheitern bedeutet aber nicht, dass es Cancel Culture nicht gibt. An vielen Hochschulen zum Beispiel ist Cancel Culture Alltag, Auftritts- und Diskussionsverbote sind gang und gäbe. Es gab auch schon zahlreiche Versuche, meine Sendung aus dem Programm zu schmeißen, aber das hat nicht geklappt. Zum einen, weil ich ein großes Publikum hinter mir habe, und zum anderen, weil es bei meinem Sender RBB und auch der gesamten ARD viele Leute gibt, die mich unterstützen. Ich kriege von Senderseite immer wieder die klare Ansage: Machen Sie weiter so! Ich habe nicht ein einziges Mal vom Sender gehört, dass es jetzt mal reicht oder so, auch nicht nach provokativen Nummern. Da fühle ich großen Rückhalt." (Dieter Nuhr im Interview, General-Anzeiger Bonn, Portrait in der Ausgabe vom 24./25.6.2023)

Das lässt zumindest ein kleines Pflänzchen der Hoffnung keimen, dass die gesellschaftliche Gesamtsituation noch nicht so ausgeartet ist, wie es teilweise den Anschein erweckt. Allerdings ist das Interview ja beinahe schon wieder ein Jahr alt und seither hat sich auch noch einmal viel getan.

Inzwischen scheint es auch schon so etwas wie vorauseilende Cancel Culture zu geben. So hat vor einiger Zeit Michael „Bully" Herbig angekündigt, eine Fortsetzung seines überaus erfolgreichen Films „Der Schuh des Manitu" auf die Leinwand zu bringen. Nur kurze Zeit später titelt die erste Zeitung: „Bully Herbigs ‚Schuh des Manitu': Fortsetzung löst heftige Debatte im Netz aus." Es ist die Rede davon, dass Herbigs Absicht „die Gemüter erhitze". Über die Debatte wird berichtet, es seien Personen zu Wort gekommen, die ihrer Hoffnung Ausdruck verliehen hätten, dass es im neuen Film im

Gegensatz zum ersten Teil keinen Platz für rassistische und queerfeindliche Inhalte gebe. Immerhin wird später – wenngleich auch nur in einem Satz – darauf hingewiesen, dass dies wiederum unterschiedlichste Reaktionen hervorgerufen habe und die Reaktion mit der größten Zustimmung die Empfehlung beinhaltet habe, dass besagte Personen den Film doch dann am besten gar nicht anschauen sollten.

Und genau das ist der Punkt: Niemand wird gezwungen, sich einen solchen Film anzuschauen. Hinzu kommt, dass es unabhängig davon, was der einzelne von der Qualität des Films hält, einfach Fakt ist, dass er offiziell als Parodie firmiert. Hierzu eine kleine Definition: „Die *Parodie* ist das spöttische oder scherzhafte Nachahmen und die verzerrende Überzeichnung eines künstlerischen Werkes. Die Parodie kann sich auf Werke, Stile und Gattungen beziehen. Sie lässt sich in sämtlichen Künsten *(Film, Musik, Literatur etc.)* finden, wobei sie außerdem in allen literarischen Gattungen *(Epik, Drama, Lyrik)* auszumachen ist. Die Parodie ahmt ein Werk entweder übertrieben, spottend nach oder bedient sich der Form des Werkes und füllt diese mit eigenen, unpassenden Inhalten." (Quelle: wortwuchs.net)

Man liest in diesem Zusammenhang übrigens auch genügend Kommentare von Menschen, die sich zwar als queer identifizieren, jedoch nicht nachvollziehen können, warum ein solcher Film von einigen wenigen als queerfeindlich bezeichnet wird. Das ist ein deutlicher Hinweis darauf, dass auch hier wieder Stellvertreter unterwegs sind, die meinen, dafür Sorge tragen zu müssen, dass alles gut, korrekt und fair bleibt, die hierfür aber auch wieder nur ihre eigene Sicht der Dinge zugrunde legen. Perspektivenwechsel? Fehlanzeige!

Es ist zudem ein großes Problem in der heutigen Zeit, dass einige wenige, zumeist jedoch sehr laute Menschen nicht erkennen, dass es keine Diskriminierung im eigentlichen Sinne darstellt, über überzeichnete Merkmale einer Personengruppe zu lachen. Lachen ist erlaubt, und theoretisch jeder Mensch muss auf unterschiedliche Weise aushalten können, dass auch einmal über ihn gelacht wird. Diskriminierend hingegen wäre es, wenn individuelle Rechte auf die eine oder andere Weise beschnitten würden.

Offenbar scheint sich auch keiner von diesen „kritischen" Menschen Gedanken darüber zu machen, dass man Michael „Bully" Herbig in seiner Eigenschaft als Künstler diskriminieren würde, wenn man ihn auf welche Weise auch immer daran hindern würde, seinen Parodie-Film so zu produzieren, wie es ihm tatsächlich vorschwebt. Ihn jedoch sieht man offenbar nur als „Privilegierten". Auch in diesem Fall lässt sich wieder einmal ein Messen mit zweierlei Maß erster Güte feststellen.

Vielleicht kommt man in dieser Angelegenheit zu einer salomonischen Lösung und einigt sich bereits im Vorfeld darauf, dem Film einfach einen Warnhinweis voranzustellen. Damit wäre dann doch allen gedient, oder etwa nicht?

Cancel Culture wegen angeblicher Transfeindlichkeit

In der Online-Ausgabe der Süddeutschen Zeitung lautete vor längerer Zeit der Aufmacher eines Zeitungskommentars: „Die Debatte über einen abgesagten Biologie-Vortrag an der Berliner Humboldt-Universität zeigt: Weltweit wird derzeit Stimmung gegen Transmenschen gemacht – mit ausgrenzender rechtskonservativer Kulturkampfrhetorik."

Da man den gesamten Kommentar nur mit Abonnement lesen konnte, blieb denjenigen Lesern, die über keines verfügen, nun ausschließlich dieser Aufmacher im Kopf. Natürlich, der Beitrag war als Kommentar gekennzeichnet und damit war klar, dass da die persönliche Meinung eines einzelnen Redakteurs veröffentlicht wurde. Aber dennoch bleibt diese Angelegenheit problematisch. Denn die getroffene Aussage implizierte, wenn es eben beim Lesen dieses Aufmachers geblieben ist, dass diejenigen, die die Absage des besagten Biologie-Vortrags kritisiert haben, dies aus transfeindlicher oder gar „rechtskonservativer Gesinnung" getan haben.

An dieser Stelle soll noch einmal kurz auf den Sachverhalt eingegangen werden, der zu dem Kommentar in der SZ geführt hatte: Ursprünglich sollte es lediglich um die Vermittlung von Biologie-Grundwissen gehen. Bei der „langen Nacht der

Wissenschaften" der Humboldt-Universität in Berlin im Juli 2022 wollte die Biologin Marie-Luise Vollbrecht ein Referat halten mit dem Titel: „Geschlecht ist nicht gleich Geschlecht. Sex, Gender und warum es in der Biologie nur zwei Geschlechter gibt". Doch der „Arbeitskreis kritischer Jurist*innen" rief zum Protest dagegen auf mit der Begründung, Vollbrechts These sei „unwissenschaftlich, menschenverachtend und queer- und transfeindlich".

Die Universitätsleitung verschob daraufhin „aus Sicherheitsgründen" den Vortrag auf unbestimmte Zeit, distanzierte sich jedoch gleichzeitig von Vollbrecht. Angeblich stünde ihre Sicht der Dinge nicht im Einklang mit dem Leitbild und den Werten der Universität. Diese Aussage hat jedoch das Berliner Verwaltungsgericht schließlich glücklicherweise als nicht gerechtfertigten Eingriff in das Persönlichkeitsrecht beurteilt. Damit hat es dem Erhalt der Wissenschafts- und Meinungsfreiheit einen wichtigen Dienst erwiesen. „Cancel Culture", diese perfide Kultur des Annulierens, findet an Universitäten seit einigen Jahren immer mehr Verbreitung. Im Jahr 2020 hat der Deutsche Hochschulverband DHV, eine Interessenvertretung von über 30.000 Wissenschaftlern, aus diesem Grund bereits einmal vor „Einschränkungen der Meinungsfreiheit an Universitäten" gewarnt.

Das eigentlich Schlimme an Cancel Culture sind die Auswirkungen, die sich daraus entwickeln.

Selbst wenn sich Vorwürfe gegen unbeliebte Meinungen am Ende als haltlos erweisen, müssen angegriffene Wissenschaftler danach regelrecht um ihr Ansehen kämpfen. Anfeindungen, auch wenn sie noch so unbegründet waren, bleiben im Gedächtnis, und es hinterlässt immer einen faden Beigeschmack, wenn einer Person Attribute wie „umstritten" oder ähnliches anhaften.

In der „Resolution zur Verteidigung der freien Debattenkultur an Universitäten", die der DHV verabschiedet hat, ist zu lesen, es verbreite sich an deutschen Universitäten eine „Entwicklung, niemandem eine Ansicht zuzumuten, die als unangemessen empfunden werden könnte", und wer sich dem ausgeübten Konformitätsdruck nicht beuge, werde ausgegrenzt.

Für Marie-Luise Vollbrecht dauerte der Rechtsstreit 18 Monate lang, ihr Leben war durch die haltlosen Vorwürfe deutlich beeinträchtigt. Am Ende bleibt festzuhalten, dass es viele kritische Äußerungen hinsichtlich der Absage des Vortrags gegeben hat. Und diese Kritik hatte vermutlich in den meisten Fällen mitnichten einen „transfeindlichen" Hintergrund.

Um es noch einmal ganz deutlich zu formulieren: Fakt ist, dass in einem freien Land wie dem unseren jeder nach seinem eigenen Lebensentwurf (und dazu gehört natürlich auch die Selbstdefinition) glücklich sein soll – solange anderen damit nicht geschadet wird. Menschen sollten niemals verurteilt oder abgelehnt werden, weil sie möglicherweise „anders" sind oder denken. Das muss aber für alle Seiten und in alle Richtungen gelten! Die Nutzung des Stempels „rechts", der heute nur allzu leicht und zudem schrecklich undifferenziert aufgedrückt wird, steht für eine ganz eigene Art von Radikalität und es ist sehr bedenklich, mit welcher Rigorosität manche Menschen vorgehen, um die Welt beziehungsweise die Gesellschaft vermeintlich „gerechter" zu machen. Dies trifft auch auf den „Arbeitskreis kritischer Jurist*innen" zu, der so lange Zoff gemacht hat, bis einer Frau die Möglichkeit abgesprochen wurde, ihre Sicht der Dinge und ihre Erkenntnisse bei einer groß angelegten Veranstaltung in einem Vortrag darzulegen. Protestiert hat dieser Arbeitskreis, weil seine Mitglieder der Ansicht sind, die „richtige", die „gerechte" Sache zu vertreten und das Thema des Vortrags mit dieser Sichtweise kollidierte. Dank der Rechtsprechung wurden diese Juristinnen (!) schließlich hoffentlich eines Besseren belehrt. Doch es ist bei Weitem nicht so, dass Diskussionen dieser Art damit zu einem Ende gekommen sind.

Vielmehr gibt es in unendlich vielen Bereichen inzwischen eine bestimmte Gruppe von Menschen, die das „Gute" und „Richtige" für sich in Anspruch nimmt und diejenigen, die dem nicht entsprechen, öffentlichkeitswirksam an den Pranger stellt.

Das Paradoxe dabei ist, dass das „Bunte" zwar vehement propagiert wird, während von den propagierenden Personen selbst jedoch vielfach nur in Schwarz und Weiß gedacht wird. Doch es gibt nicht nur Schwarz und Weiß. Um beim aktuellen Beispiel zu bleiben: Jemand, der aus rein biologischer Sicht oder auch aus einem persönlichen Verständnis heraus sachlich von zwei Geschlechtern spricht, gehört einfach nicht zwangsläufig in die Schublade „transfeindlich".

Selbst im öffentlich-rechtlichen Rundfunk wird beispielsweise beim NRW-Quiz „Ja/Nein/Vielleicht" gerne nach dem Geschlecht der gesuchten Person gefragt. Wenn es „keine Dame" ist, sagt die Moderatorin mit freundlicher Stimme, dass nun die Chance, die richtige Person zu erraten, um 50 Prozent gestiegen sei. Wer diese Rechnung so aufstellt, geht zweifelsfrei von genau zwei Geschlechtern aus. Dennoch hat der Dame im Radio in diesem Zusammenhang noch niemals irgendjemand Transfeindlichkeit attestiert (sonst hätte man diese Art der Fragestellung auch längst „zur Sicherheit" unterbunden). Und man kann nur hoffen, dass das auch so bleibt, denn hier geht es einfach um eine gesunde und solide Auffassungsgabe und nicht um eine erzwungene Geisteshaltung.

Überall werden immer lautstarker Toleranz und Umdenken eingefordert. Grundsätzlich sind Toleranz und sicher auch hier und da ein gewisses Umdenken auch überaus notwendig. In dieser Gesellschaft liegt vieles im Argen. Doch Toleranz wäre auch und vor allem besonders dringend bei all denen angebracht, die so sehr davon überzeugt sind, für mehr Gerechtigkeit einzutreten, dass sie dabei jegliches Maß der Dinge hinter sich lassen. Fanatismus war noch nie eine Lösung. Ab und an auch einmal die Perspektive derer zu übernehmen, die man mit diesem Fanatismus bekämpfen will, jedoch schon.

Übrigens: Jemand, der die Bezeichnungen „menstruierende Person" oder „gebärende Person" anstelle von „Frau" ablehnt, ist auch nicht automatisch transfeindlich. Es wäre auch hier sinnvoll, wenn etwas mehr differenziert würde. Eine Art „goldener Mittelweg" im Umgang miteinander wäre durchaus wünschenswert, ebenso wie diese Sache, die sich „Verhältnismäßigkeit" nennt und die wirklich Sinn macht, wenn es darum geht, dass nicht immer wieder völlig irrationale Forderungen gestellt werden.

„Verhältnismäßigkeit" sorgt nämlich unter anderem dafür, dass man die eigene Meinung nicht zum Maß aller Dinge erhebt. Das wäre beispielsweise an der Europa-Universität in Flensburg wirklich vorteilhaft gewesen. Dort wurde auf Drängen des Gleichstellungs- und Diversitätsausschusses eine Skulptur aus dem Uni-Foyer entfernt, die zuvor fast 70 Jahre lang dort ihren Platz hatte. Als Begründung gab der Ausschuss an, dass sich Studentinnen zum Teil „unwohl" bei deren Anblick gefühlt hätten. Laut Gleichstellungsbeauftragter lege die Statue nahe, „Weiblichkeit auf Fruchtbarkeit und Gebärfähigkeit zu reduzieren". Statt der Statue war nun im Foyer ein großes Fragezeichen in Regenbogenfarben zu bewundern. Dies wiederum führte zu heftigen Debatten darüber, dass sich der Gleichstellungs- und Diversitätsausschuss über alle anderen hinweggesetzt und die alleinige Deutungshoheit für sich in Anspruch genommen habe. Daher wurde dann auch die Rückführung der Statue gefordert als Zeichen für einen offenen Diskurs in Sachen Kunstfreiheit. Einige Zeit später teilte die Stabsstelle Kommunikation der Europa-Universität mit, dass die Figur wieder an ihren ursprünglichen Platz zurückkehren werde. Gleichzeitig werde die Diskussion in den Gremien wieder aufgenommen. Ist es verwerflich, wenn sich hier die Frage aufdrängt: „Haben wir denn keine anderen Probleme?"

Auch hier fragt man sich wieder, wo denn das gesunde und rationale Denkvermögen in einer solchen Situation nur abgeblieben ist. In einer derart sexualisierten Welt wie heute mutet es schon ein wenig merkwürdig an, wenn sich jemand beim Anblick einer Statue „unwohl" fühlt. Wohin ist dieses Land gekommen, dass alles in irgendwelche Schubladen gesteckt wird und dies dann auch noch paradoxerweise im Namen von Emanzipation, Toleranz und Gerechtigkeit? Es muss überhaupt nicht verwundern, dass zunehmend Menschen genervt reagieren, wenn „Regenbogenaktionen" dieser Art zwangsverordnet werden. Doch offenbar fehlt ihren Befürwortern trotz aller zur Schau gestellten Toleranz und Offenheit jegliches Verständnis dafür, dass es auch andere Empfindungen geben kann, die ebenso ihre Berechtigung haben, auf die dann jedoch automatisch immer mit Diffamierung und Stigmatisierung reagiert wird.

Alle, die die Fahne der Diversität allzu missionarisch hoch halten, sollten sich einmal Gedanken darüber machen, wie viele Menschen sich eigentlich zwischenzeitlich diskriminiert fühlen, weil sie aufgrund eines Denkens, das nicht ideologiegeprägt sondern von einer gewissen Vernunft und natürlich von persönlicher Erfahrung geleitet wird, als „rückständig" oder der Einfachheit halber auch sofort als „rechts" – und damit indirekt als „rechtsradikal" – stigmatisiert werden. Das soll also in Ordnung sein? Gerecht? Es lohnt sich tatsächlich, darüber einmal intensiv nachzudenken.

Weitere Beispiele absurder Cancel Culture – viel zu viel des „Guten"

Es begab sich zu einer Zeit, als die Bundesgartenschau in Mannheim die Herzen vieler Menschen beglücken wollte. Zum umfangreichen Bühnenprogramm gehörte unter anderem auch der Auftritt des Mannheimer AWO-Balletts. Dessen Mitglieder bezeichnen sich selbst als „junggebliebene Seniorinnen", die im Jahr 2020 ihr 40-jähriges Jubiläum feiern durften. Die Damen sind zwischen 60 und 82 Jahre alt und begeistern bei rund 40 Auftritten pro Jahr ihr Publikum immer wieder aufs Neue mit ihren Tänzen und Shows in fantasievollen Kostümen und mit ihren humorvollen Darbietungen. Seit vielen Jahren führen die Damen unter dem Motto „Weltreise" einen besonderen Tanz auf.

Im Jahr 2023 aber wurde die Diskussion laut, ob sie das in den sonst dabei üblicherweise getragenen Kimonos und Sombreros dürfen. „Dürfen"! Und es kam, wie es heutzutage kommen musste: Sie wurden der kulturellen Aneignung beschuldigt und durften nicht. Diese freundlichen und fröhlichen Damen, die jahrzehntelang nichts anderes im Sinn hatten, als Menschen mit ihren Darbietungen zu erfreuen, wurden gezwungen, sich mit derartigen Vorwürfen herumzuschlagen. Die armselige Begründung der Bundesgartenschauorganisation lautete, dass nicht der Eindruck entstehen dürfe, dass man kulturelle und religiöse Stereotype zur

Unterhaltung „ausschlachte". Was für eine martialische Ausdrucksweise für das harmlose Ansinnen der Seniorinnen!

Dreh- und Angelpunkt jeglicher Cancel-Versuche ist die in vorauseilendem Gehorsam angestrebte Vermeidung eventuell verletzter Gefühle Einzelner oder kleinerer, nicht mit „natürlichen" Privilegien ausgestatteter Gruppen. Auch hier ist zu beobachten, dass es offenbar nicht interessiert, dass man – um beim Beispiel des AWO-Balletts zu bleiben – damit theoretisch die Gefühle der Seniorinnen verletzen könnte. Dieses Dilemma, dass mit dem zwanghaften Verhindern einer vermeintlichen Diskriminierung eine andere Diskriminierung einhergeht und gebilligt wird, steht bei jeglichen Aktionen im Sinne des „Guten" oder „Besseren" im Raum, wird aber fast niemals berücksichtigt. Der ideologische Grundgedanke ist hier offenbar gar zu ausgeprägt.

Das „Zauberwort" – oder sollte man es nicht besser aufgrund seiner perfiden Wirksamkeit „Totschlagargument" nennen – lautet immer wieder „kulturelle Aneignung". Wer auch nur den Hauch von „kultureller Aneignung" vermutet, fühlt sich heute legitimiert, andere zu canceln. Hier geht es dann um betreutes Denken in Reinform: Ideologen erfüllen dabei jedoch einen Erziehungsauftrag, den ihnen niemand erteilt hat. Ein wenig mehr Rationalität, ein wenig Nachdenken, bevor man ohne Sinn und Verstand Dinge verbietet oder Aktionen verhindert, würde nicht schaden.

Denn ohne solche vorschnellen Verurteilungen würden vielleicht auch ganz besonders ausgeprägt Verblendete feststellen, dass vielfach für das, was als „kulturelle Aneignung" angeprangert wird, möglicherweise einfach nur große Bewunderung oder Begeisterung die Motivation war. Zudem muss man sich wirklich die Frage stellen: Wo beginnt kulturelle Aneignung und wo hört sie auf? Wo fängt denn tatsächlich „kultureller Diebstahl" an, wo beginnt das Verschleiern vermeintlicher Privilegien, das auch immer wieder angeprangert wird? Sicher nicht bei ein paar Seniorinnen, die ihrem Publikum mit ihren Darbietungen ein paar schöne und unterhaltsame Momente schenken. Und auch hier ist wieder festzustellen: Vermutlich hätte sich nicht ein einziger Mexikaner beschwert und mitgeteilt, dass er sich unwohl fühlt, wenn da ein paar ältere Damen mit einem Sombrero auf dem Kopf tanzen. Es sind immer andere, die sich berufen fühlen, fremde Interessen zu vertreten. Bemerkenswert ist, dass diese „Interessenvertretung" teilweise wirklich radikale und extremistische Züge aufweist und universelle Werte bis hin zur Redefreiheit (s. Marie-Luise Vollbrecht) zugunsten ideologischer Motivation negiert.

Aber muss man sich nicht die Frage stellen, ob kulturelle Bevormundung nicht ebenfalls aus tiefstem Herzen abgelehnt werden müsste? Man sieht ja, dass vielfach dort, wo Toleranz gepredigt wird, vollkommen intolerant gehandelt wird, was die Frage aufwirft, wieviel Meinungsfreiheit tatsächlich noch vorhanden ist. Natürlich: Niemand muss in Deutschland mit schwerwiegenden Konsequenzen rechnen, wenn er eine unliebsame Meinung äußert, solange es sich tatsächlich um eine Meinung handelt und nicht um eine Hass- oder Hetzbotschaft, solange sie also von den Werten des Grundgesetzes gedeckt wird. Doch es ist sehr wohl eine überaus autoritäre Entwicklung zu erkennen, bei der immer mehr Menschen überlegen, besser den Mund zu halten als Unannehmlichkeiten zu riskieren.

Und in Zeiten, in denen die Bundesministerinnen Faeser und Paus mit ihrem „Demokratiefördergesetz" anstreben, dass diejenigen, die den „Staat verhöhnen", es auch mit einem „starken Staat zu tun bekommen" sollen, stellt sich die Frage, ob man denn den Staat schon „verhöhnt", wenn man bestimmte seiner Vorgehensweisen kritisch sieht und das auch artikuliert. Mit Meinungsfreiheit hätte das dann nicht mehr viel zu tun, obwohl es doch im Artikel 5 des Grundgesetzes heißt: „Jeder hat das Recht, seine Meinung in Wort, Schrift und Bild frei zu äußern und zu verbreiten." Immerhin wurde dieser Satz noch nicht umformuliert in „jede und jeder", aber das nur am Rande. Fakt ist, dass nicht nur Otto Normalverbraucher angesichts dieser angestrebten

„Verbesserungen" die Stirn runzelt: Auch Verfassungsrechtler zeigen sich alarmiert.

In der Zwischenzeit liest man von immer absurderen Beispielen für betreutes Denken. Beim Coca-Cola-Konzern in den Vereinigten Staaten wurden Mitarbeiter angehalten, „weniger weiß" zu sein. Beim literarischen Herbst in Leipzig forderte eine Autorengruppe die Ausladung von Alice Schwarzer, die dort ihre Autobiografie vorstellen sollte. Begründet wurde diese Forderung mit dem Vorwurf, Schwarzer falle immer wieder durch transfeindliche, rassistische und misogyne Aussagen und Publikationen auf. Interessierte Beobachter dieser Entwicklung reiben sich verwirrt die Augen, zählte doch ausgerechnet Alice Schwarzer über viele Jahre hinweg zu denen, die sich vehement für Frauenrechte stark gemacht hat. Alice Schwarzer misogyn? Was ist denn da nur passiert? So schnell kann man gar nicht mehr hinschauen, wie man von den „Guten" fallengelassen und den „Bösen" zugeordnet werden kann.

Und wer bestimmt überhaupt, wer ein Didgeridoo spielen darf? Da wird ein deutscher Musiker kurzerhand vom Veranstalter wieder ausgeladen – er darf mit diesem Instrument nicht auftreten. Der Grund: Irgendein alternatives Kollektiv wirft ihm mal eben so „kulturelle Aneignung" vor und schon kneift der überkorrekte Veranstalter. Vermutlich aus Panik vor einem Shitstorm schmeißt er den Musiker, der zwar lange Zeit in Australien gelebt, aber nun einmal das „Pech" hat, weiß – und damit in den Augen der woken Gemeinde zu Unrecht privilegiert – zu sein, nicht nur hinaus, sondern es kommt noch schlimmer: Versuche der Kontaktaufnahme seitens des Musikers zur Klärung der Situation blieben erfolglos. Wie feige kann man sein im Namen des Guten beziehungsweise im Namen des Besseren? Was für ein armseliges Verhalten kauert hier unter dem Deckmantel der Antidiskriminierung und Progressivität?

Eine bedeutsame Rolle spielt im Zusammenhang mit der wachsenden Cancel-Neigung mancher Berufener auch wieder der Umgang mit Sprache. Doch während es bei der Gendersprache um „mehr Gerechtigkeit für die Geschlechter" geht und darum, dafür neue Sprachformen zu etablieren, werden auf der anderen Seite alte Begriffe kurzerhand auf eine Art „schwarze Liste" gesetzt. Der „Mohrenkopf" wurde hier bereits beispielhaft in anderem Zusammenhang angeführt. Ein weiteres Beispiel, bei dem Cancel Culture ihre Berechtigung im Kampf gegen kulturelle Aneignung wähnt, wurde hier ebenfalls bereits angesprochen: der Begriff „Indianer". Wenn man diesen bei Google eingibt, erhält man als erstes Ergebnis einen Eintrag bei Wikipedia: „Indianer ist eine Sammelbezeichnung für Angehörige verschiedener indigener Völker Amerikas. […]

Das Wort geht auf einen Irrtum Christoph Kolumbus' zurück, der meinte, nach ‚Indien' (was damals Ostasien bedeutete) gelangt zu sein. Die durch den Kolonialismus etablierte Fremdbezeichnung wird im Rahmen der Rassismusdebatten seit den späten 2010er Jahren zum Teil kontrovers diskutiert. Auch die so bezeichneten Menschen bewerten den Ausdruck unterschiedlich: Im spanischen Sprachraum wird ‚Indio' zumeist abwertend oder sogar als Schimpfwort aufgefasst. Im angloamerikanischen Raum bezeichnen sich hingegen manche Angehörige indigener Gruppen im Rahmen einer neuen panindianischen Identitätsfindung selbst als ‚(American) Indians'." Sieh einer an, sie bezeichnen sich selbst als „American Indians"!

Für den deutschsprachigen Raum und mithin für den Begriff „Indianer", den im Deutschen vermutlich Karl May am meisten geprägt haben dürfte, scheint es also überhaupt keine derartigen Debatten gegeben zu haben. Nichtsdestotrotz bekommt eine Gruppe von problembewussten Menschen Schnappatmung, wenn es um diesen Begriff geht. Pur-Sänger Hartmut Engler musste sich zum Beispiel im Zusammenhang mit seinem Song „Indianer" heftige Kritik gefallen lassen. Da gibt es Menschen, die es nicht gutheißen, dass Engler bei seinen Konzerten zu diesem Song einen bunten Federschmuck trägt. Andere gehen soweit, dass sie das Lied als solches schon verurteilen, weil der Begriff allein bereits diskriminierend sei. Hier haben wir also kulturelle Aneignung und verbale Diskriminierung in einem – böser Hartmut Engler! Doch selbst von allzu

Berufenen ließ der sich nicht ins Bockshorn jagen und verkündete in einem Interview mit der Berliner Zeitung, dass er es mit diesem Song auf Konzerten auch weiter so handhaben wolle, wie bisher: „"Das ist Spaß und das erinnert mich an meine Kindheit. Der Song hat nichts mit der Kultur und dem Schicksal der amerikanischen Ureinwohner zu tun. Deshalb kann ich die Kritik an unserem Lied auch nicht ganz ernst nehmen." Und weiter sagte Engler: "Es geht mir um eine Märchenwelt, in der es die Guten gibt. Als Kind fand ich das toll." (berliner-zeitung.de, 08.04.2023) Eine solche Sicht der Dinge könnte man zweifelsohne als sehr weit entfernt von diskriminierendem Gedankengut bezeichnen.

Auch Schauspielerin Uschi Glas setzte sich bei dieser Thematik in die Nesseln des politisch korrekten Gartens: Sie, die in den Sechzigerjahren in den Verfilmungen der Karl-May-Bücher mitgespielt und das „Halbblut Apanatschi" dargestellt hatte, bezeichnete diese Debatte als „absolut lächerlich". In den sozialen Medien erhielt sie dafür zwar unterschiedlichste Reaktionen, mehrheitlich jedoch große Zustimmung. So lautete vielfach der Tenor, dass so viele Menschen diese Bücher und Filme geliebt hätten und kein normaler Mensch da an Rassismus denke. Darüber hinaus wurde auch noch das überaus positive Bild herausgestellt, das Karl May von Indianern gezeichnet hatte: das Bild stolzer, tapferer, kluger und mutiger Menschen.

Unabhängig davon zeigt sich Vertreter des öffentlich-rechtlichen Rundfunks in dieser Angelegenheit unterschiedlich aufgeschlossen. Während die ARD bereits vor längerer Zeit einen eleganten Weg gefunden hatte, von der Ausstrahlung der „Winnetou-Filme" Abstand zu nehmen (indem die Sendeanstalt die Lizenzen auslaufen ließ), zeigt das ZDF sie traditionell in seinem Osterprogramm 2024. Die Ankündigung dazu bleibt natürlich nicht unkommentiert. Selbstverständlich fühlt sich augenblicklich das erste Online-Medium bemüßigt, die Nachricht mit dem Zusatz „ein Klassiker, der nicht unumstritten ist" zu versehen und noch einen reißerischen Hinweis im Teaser „ZDF zeigt Winnetou – trotz heftiger Debatte" hinzuzufügen. Andere Medien folgen dem schnell. Die „Debatte" wird also eigentlich nur von besagten Medien angestoßen, aber geschenkt. Dass dieses Süppchen auch nach der Ausstrahlung des Films weiterhin am Kochen gehalten wird, legt den Verdacht nahe, dass es letzten Endes doch wieder nur um Klicks geht.

Auch Hersteller von Karnevalsartikeln wurden bereits an den Pranger gestellt, weil sie eben seit ewigen Zeiten „Indianer"-Kostüme anbieten. Herbert Geiss, Geschäftsführer von *Deiters* hat dazu eine klare Haltung. Indianer seien die Helden auch seiner Kindheit gewesen, und diese Kostüme würden nicht verkauft, um zu diskriminieren. Natürlich wissen es auch in diesem Fall all diejenigen wieder besser, die persönlich mit den unendlich vielen

Indigenen gesprochen haben, die das so massiv stört. Deiters übrigens wirbt mit dem Slogan: „Sei wer du willst." Kann es eine weltoffenere Haltung geben?

Um noch einmal kurz auf Uschi Glas zurückzukommen: Erst kürzlich hat die Schauspielerin „es" wieder getan: Sie hat sich auf „unverantwortliche" Weise in einem Interview anlässlich ihres 80. Geburtstags geäußert. Und gefühlt alle Medien titelten: „Uschi Glas sagt das N-Wort im WDR-Talk." Wie hier bereits dargelegt, erscheint es nur mäßig sinnvoll, den eigentlich diskriminierenden Begriff zu eliminieren, während man mit dem abgekürzten beziehungsweise verklausulierten Wort nichts anderes zum Ausdruck bringt und wirklich jeder weiß, wie das N-Wort ausgeschrieben aussieht. Ganz schlimm ist hier auch wieder die kollektive Empörung der Medien, so beispielsweise im Vorspann einer Meldung im Facebook-Account von *Focus online*: „Der Eklat der Schauspielerin bringt das Publikum zum entsetzten Schweigen." Die meisten Reaktionen darauf waren lachende Emojis. Der überwiegende Teil der Kommentare unterstützte Uschi Glas. Dennoch hielt sich die moralische Entrüstung über ein Wort, das nicht mehr gesagt werden darf, über mehrere Tage hinweg, vermutlich, weil bis dahin auch gefühlt das letzte Online-Medium begriffen hatte, dass man mit diesem Thema mal wieder richtig gut für Klicks sorgen kann.

Die gern beklagte Gedankenlosigkeit bei der Wortwahl ist etwas, gegen das übrigens auch Progressive selbst offenbar nicht uneingeschränkt gefeit sind. Da wird dann zwar beispielsweise immer häufiger das vermeintlich respektvollere Wort „Geflüchtete" statt „Flüchtlinge" verwendet, doch gleichzeitig wird mit größter Selbstverständlichkeit ein „Flüchtlingsgipfel" anberaumt, bei dem es unter anderem um „strittige Flüchtlingsfinanzierung" geht. Das ist nun allerdings wirklich keine Ausdrucksweise, die in die Rubrik „respektvoll" gehört.

Man sollte sich daher wirklich fragen, ob es tatsächlich Ergebnisse gibt, die diesen unglaublichen Aufwand des permanenten Weltverbesserns rechtfertigen oder ob das am Ende nicht doch alles ein wenig zu viel des Guten sein könnte.

Sexismus und Sexualisierung

Zur Einordnung werden an dieser Stelle die Begriffe „Sexismus" und „Sexualisierung" zunächst kurz definiert. „Sexismus" meint „die Benachteiligung, Abwertung, Verletzung und Unterdrückung einer Person oder einer Gruppe aufgrund des Geschlechts." So lautet die Erläuterung der Bundeszentrale für politische Bildung. Unter „Sexualisierung" versteht man laut Wikipedia „die Fokussierung bzw. Hervorhebung der Sexualität innerhalb eines umfassenderen Kontextes" sowie „die Betrachtung eines Objektes unter sexuellen Gesichtspunkten bzw. unter dem Aspekt der Sexualität." `

Bereits im Kapitel über Zensurbemühungen im Literaturbereich ging es kurz um das Thema Sexismus. Im angesprochenen Fall war es der fiktive Agent James Bond, dem man eine sexistische Haltung und ein sexistisches Verhalten zur Last legt.

Diskussionen dieser Art sind heutzutage nicht mehr wegzudenken, daher soll auf diesen speziellen Aspekt hier ebenfalls noch einmal etwas detaillierter eingegangen werden. Es zeigt sich, dass es den Debatten auch in diesem Bereich an Verhältnismäßigkeit fehlt und man zuweilen bei bestimmten Protagonisten vergeblich nach der Fähigkeit sucht, differenzieren und die Dinge in speziellem Kontext sehen zu können.

Doch der Reihe nach: Da erscheint eines Tages in einem Beitrag im öffentlich-rechtlichen Rundfunk folgende Schlagzeile: „Dürfen sexistische Songtexte auf Volksfesten gesungen werden?" Wer zu diesem Zeitpunkt die Gazetten verfolgte, wusste gleich: Es geht hier um den Partyhit „Layla". Nachdem dereinst die Stadt Würzburg die Darbietung dieses Liedes untersagt hatte, zog der Veranstalter der Rheinkirmes Düsseldorf, ein traditionsreicher Schützenverein, nach und verbot, dieses Lied zu spielen. Alle Medien berichteten im Minutentakt. Natürlich wurde auch sogleich die Meinung eines „Experten" eingeholt. Der kritisierte den „eindeutig sexistischen Inhalt" des Textes von „Layla". Keine Frage: Die Interpreten *DJ Robin und Schürze* singen im Refrain von einer „Puffmama" namens Layla und diese sei „schöner, jünger, geiler" und ja, darüber kann man sich mokieren, wenn man will. Dafür braucht es im Zweifel auch nicht die Meinung eines Experten, da genügt es, wenn man lesen beziehungsweise hören kann.

Für die besagten Entscheidungsträger war damit die Sache klar: Latenter oder offen zur Schau getragener „Sexismus" – egal in welcher Aufmachung er daherkommt – muss natürlich von offizieller Stelle eindeutig als „untragbar" gebrandmarkt werden. Grundsätzlich ist das sicher richtig, vor allem, wenn auch Kinderohren mit von der Partie sind. Aber wie war das nochmal mit „Kirche im Dorf lassen"?

Mit ein wenig Augenmaß und Gelassenheit lässt sich zum „Layla-Eklat" Folgendes festhalten: Es ging bei der Veranstaltung tatsächlich nur um eine rein instrumentale Darbietung des Liedes. Den Text hörte man also nicht. Literarisch – da besteht wenig Zweifel – ist die Nummer sicher nicht der ganz große Wurf und musikalisch eindeutig auch nicht besonders wertvoll. Man mag auch vom Ballermann-Treiben oder ähnlichen Auswüchsen als solchen möglicherweise nicht begeistert sein, darüber vielleicht die Nase rümpfen und für sich entscheiden, niemals da mitzumachen. Aber man kann auch belustigt darüber sein. Und ganz viele entscheiden für sich sogar, das Ballermann-Treiben lustig zu finden und da auch mitzumachen. Diese Menschen finden dann auch solche Lieder einfach nur lustig und vermutlich wird in der Situation, in der die Masse auf Stühlen und Tischen steht und laut mitgröhlt, in nicht besonders vielen Gehirnen irgendeine Gesinnung irgendeine tragende Rolle spielen.

Blickt man zurück in die Achtzigerjahre, begegnet Musikinteressierten die Phase der sogenannten „Neuen Deutschen Welle". Damals war der Titel „Skandal im Sperrbezirk" von „Spider Murphy Gang" ein Riesenhit. Er hat einen ähnlich verwerflichen Inhalt wie „Layla". Radiosender aus Bayern boykottierten das Lied damals wegen des darin vorkommenden Wortes „Nutten". Menschen, die zu großer öffentlicher Empörung neigen, gab es also tatsächlich auch damals schon. Außerhalb von

Bayern wurde der Song fröhlich gespielt und gelangte als einziger Nummer-eins-Hit der Band zu Kultstatus. Auch über vierzig Jahre später wissen sehr viele Menschen mit der Zahlenkombination 32168 etwas anzufangen. Bis zum heutigen Tag wird der Song auf privaten und öffentlichen Veranstaltungen gefeiert und mitgegröhlt, wenn die Partystimmung auf dem Höhepunkt ist. Und auch hier liegt die Vermutung nahe, dass niemand mit dem Mitgröhlen dieses Songs etwa eine sexistische Haltung zu Markte tragen möchte.

Vielleicht hilft es innerhalb dieser Debatte ein wenig, wenn einfach zwischen Fiktion und Wirklichkeit unterschieden wird. Sowohl „Rosi", die Protagonistin bei „Skandal im Sperrbezirk", als auch „Layla" sind fiktive Persönlichkeiten und die meisten Menschen halten den Bezug zum realen Leben außerhalb der Partymeilen in diesem Fall für zu weit hergeholt.

Will man dennoch den sexistischen Charakter von „Rosi" und „Layla" diskutieren, gilt es auch in diesem Fall, einmal über den Tellerrand hinauszusehen. Denn es gab noch einen anderen Hit, der inzwischen über 20 Jahre alt ist. Seine Urheberin ist keine geringere als Komikerin Mirja Boes, die ihn damals noch unter dem Künstlernamen „Möhre" am Ballermann auf Mallorca vorstellte. Auch heute wird er ab und an noch zu Karneval oder auf Parties gespielt: „20 Zentimeter" heißt er. Auf den Inhalt soll hier gar nicht näher eingegangen werden, der

Titel spricht vermutlich für sich. Nur so viel: Im Sinne der Gleichberechtigung hätte der Aufschrei bei diesem Lied nicht minder groß sein müssen. War er aber nicht. Er blieb vollkommen aus. Also drängt sich beinahe die Frage auf, ob es in diesem Fall möglicherweise keinen Aufschrei gab, weil es dabei ja „nur" um einen Mann geht. Es drängt sich dann jedoch weiter die Vermutung auf, dass der „Herrenwitz" im Zuge der MeToo-Debatte schlicht anklagenswerter ist als auf Herren ausgerichteter Sexismus. Gerecht? Gleichberechtigung?

Um das noch einmal ganz deutlich herauszustellen: Sexuelle Belästigung ist natürlich ein Unding und schon gar kein „Kavaliersdelikt", im Gegenteil: Es läuft in dieser Hinsicht nach wie vor viel zu viel aus dem Ruder. Aber gerade deshalb sollte man doch einer solchen Lappalie wie einem Party-Hit nicht eine solche Bedeutung beimessen. Indem die Veranstalter der Feste einen Hit verbieten, tun sie rein gar nichts gegen real bestehenden Sexismus. Im Prinzip ist es nicht anders als der Versuch, durch sprachliche Diktate die Ungerechtigkeit zwischen den Geschlechtern zu minimieren. Das ist einfach nur ein „Klein-Klein", auf dem sich viele dann mit reinem Gewissen ausruhen, weil es relativ leicht zu bewerkstelligen ist. An den eigentlichen Problemen ändert man damit aber nichts. Man täte wirklich gut daran, dem rationalen Denkvermögen auch in diesem Bereich etwas mehr Raum zu lassen und solche

Partyhits – trotz oder gerade wegen der Bierlaune – einfach nicht so bierernst zu nehmen.

Sexismus wird heute ständig irgendwo angeprangert: Grundsätzlich ist es sicher richtig, diesem Thema mit mehr Sensibilität zu begegnen. Doch dass es sogar den Brüdern Grimm hier ebenfalls wieder an den Kragen geht, ist unfassbar – aber wahr. Da hat tatsächlich eine Mutter das Grimmsche Märchen *Dornröschen* als sexistisch bewertet und gefordert, dass es verboten werde. Ihrer Ansicht nach gehöre so etwas nicht ins Kinderzimmer. Ihre Begründung: Der Prinz erweckt das schlafende Dornröschen mit einem Kuss und da dieser nicht „einvernehmlich" geschieht, muss das als sexuelle Belästigung gewertet und daher verurteilt werden.

Allerdings sollte man dabei doch bitte berücksichtigen, dass dieser Kuss gar nicht „einvernehmlich" erfolgen kann, weil Dornröschen zu diesem Zeitpunkt bereits seit hundert Jahren schläft. Vielleicht hätte die überbesorgte Mutter diese Tatsache einfach einmal in ihre Überlegungen einbeziehen und dabei bedenken sollen, dass sich die ganze Situation in einem Märchen abspielt und damit schon allein per Definition der Textgattung nicht wirklich als realitätsnah bezeichnet werden kann.

Das große Problem ist hier auch wieder einmal, dass sich Personen als Stellvertreter und Sprachrohr verstehen, die im Zweifel eine übersensible Sicht der Dinge haben und diese Sicht zum Maßstab machen. Für die Durchsetzung vermeintlicher

Interessen wird auch in diesem Fall wieder ein Verbot gefordert. Damit wird also wieder Cancel Culture betrieben und Meinungsvielfalt beschnitten.

Bei allem Verständnis für Personen, die aufgrund schlimmer Ereignisse traumatisiert sind oder möglicherweise auch durch bestimmte Vorkommnisse retraumatisiert werden könnten: Von einem solchen Beschneiden von Meinungsvielfalt sollte tunlichst abgesehen werden, denn mit „Regulierungen" dieser Art spricht man Menschen jegliche Fähigkeit ab, sich selbst ein Urteil über bestimmte Dinge und Sachverhalte zu bilden. Ein klassischer Fall von betreutem Denken also. Erschwerend kommt noch hinzu, dass gefühlter Sexismus immer einem sehr subjektiven Empfinden entspringt.

Der zuvor bereits erwähnte Herrenwitz ist da auch so eine Sache: Diese Bezeichnung kennzeichnete ursprünglich einen frivolen Witz oder Spruch, der meistens nur dann erzählt wurde, wenn Männer unter sich waren. Dass es bei solchen Gelegenheiten etwas zotiger zugeht, war bekannt und galt lange Zeit als nicht besonders erwähnenswert. Seit 2013 jedoch ist mit dem Begriff Herrenwitz noch etwas ganz anderes verbunden. Damals hat die Journalistin Laura Himmelreich im Magazin *Stern* einen Artikel mit dem Titel „Der Herrenwitz" veröffentlicht. Es ging darin um einen – zugegeben recht verunglückten – Flirtversuch des damaligen Vorsitzenden der FDP-Bundestagsfraktion, Rainer Brüderle. Nicht zuletzt aufgrund dieses Artikels entbrannte deutschlandweit eine breite Sexismus-Debatte. Auf der einen Seite war das sehr gut, denn auch Alltags-Sexismus ist etwas, das niemand ertragen sollte. Auf der anderen Seite blieb ein wenig der schale Beigeschmack, dass anzügliche Bemerkungen, auf die man im Prinzip mit ein wenig Schlagfertigkeit bereits angemessen reagieren könnte, beinahe schon gleichgesetzt wurden mit tatsächlichen sexuellen Übergriffen. Das ist ein Schlag ins Gesicht derjenigen, die mit den Folgen echter sexueller Gewalt fertigwerden müssen.

Frauen sollten dem von Frau Himmelreich damals definierten Herrenwitz gegenüber grundsätzlich eher selbstbewusst auftreten und an Ort und Stelle Kontra geben. Das Ganze kann dann unter Schlagabtausch firmieren und niemand muss sich diskriminiert fühlen. Laura Himmelreich hingegen hat den Frauen damals einen Bärendienst erwiesen, indem sie ihnen eine pauschale Opferrolle zugewiesen hat. Rein rechtlich sieht es wohl tatsächlich so aus, dass auch „Bemerkungen sexuellen Inhalts" eine sexuelle Belästigung darstellen, wenn durch sie die Würde der betreffenden Person verletzt wird. Doch natürlich ist auch Würde wieder etwas, das sehr subjektiv empfunden wird. Für Frau Himmelreich war diese anzügliche Bemerkung – die im Zweifel als Kompliment gedacht war, aber offenbar leider sehr plump adressiert wurde – eine Zumutung. Es bleibt die Frage, ob sie ihre Würde zurückgewonnen hat, indem sie dann ihrerseits den „alten weißen Mann" bloßgestellt hat. Es bleibt überdies der schale Beigeschmack, all dies könne womöglich auch nur ein raffinierter PR-Coup gewesen sein. Auch so etwas trägt sicher nicht dazu bei, Würde zu bewahren oder zu erlangen. Aber eine Bewertung all dieser Dinge sei am Ende natürlich jedem selbst überlassen.

Humor ist übrigens eine Einstellung und Emotion, die sich als sehr nützlich für die Bewältigung unterschiedlichster Situationen eignet. So kann er auch sehr gut dabei behilflich sein, nicht gleich in den Zustand unsäglicher Empörung zu verfallen, wenn Dinge sich außerhalb der Grenzen politischer Korrektheit bewegen. So machte in den sozialen Medien zum Beispiel ein Bild die Runde. Auf diesem Bild ist ein Werbebanner auf einem Auto zu sehen, auf dem in schwarzer Schrift folgende Frage steht: „Gartenhütte zu klein, zu alt, zu hässlich? Dann brauchen Sie uns!" Und darunter liest man in roter Schrift: „Wir legen Ihre Alte flach und nageln Ihre Neue!" Ja, es lässt sich vortrefflich darüber streiten, ob hier die Grenzen guten Geschmacks überschritten werden oder nicht. Mit Sicherheit ungesund ist es jedoch, auf so etwas so schmallippig zu reagieren, wie das eine Frau gemacht hat: „Merkwürdige Leute, die so etwas ‚geil' und ‚lustig' finden." Sie erhielt unterschiedliche Reaktionen, manche davon sachlich, manche polemisch. Daraufhin führte sie noch weiter aus: „Also dass Männer das lustig finden, okay. Aber du als Frau?" Aber ja, auch als Frau muss man hier nicht zwangsläufig fiesen Sexismus wittern. Im Gegenteil: Man kann sich sogar darüber amüsieren, sobald man ein gewisses Faible für Wortspielereien hat und für originellen Umgang mit Sprache. Darüber hinaus ist Selbstironie eine Kunst, die es zu kultivieren gilt. Humor ist, wenn man trotzdem lacht. Beides macht das Leben so viel leichter, als ständig verkniffen "Sexismus" zu rufen.

Für vollkommen überzogene Empörung sorgte auch etwas, das unter dem Begriff „Knie Gate" mediale Schlagzeilen machte. Da verursachte ein Kameraschwenk über die Beine von Verona Pooth angeblich größte Aufregung. So zumindest wurde es in einigen Medien kolportiert. Frau Pooth war zu Gast bei Anne Will, und passenderweise ging es um das Thema Sexismus. „Eklat wegen Kameraschwenk über Verona Pooths Beine" – was in heutigen Zeiten nicht alles als „Eklat" verkauft wird. Wie so häufig waren es auch in diesem Fall wieder Stellvertreter, die sich empörten. Die ARD warf sich sogleich wortreich in den Staub. Verona Pooth selbst hingegen sah es ganz entspannt: „Ich finde, dass gerade das nicht sexistisch ist." Sie sei „schon immer eine selbstbewusste Frau" gewesen, „die figurbetonte Mode trägt". Und in einem solchen Fall rechnet man natürlich auch damit, dass der eine oder andere auch mal einen Blick riskiert. Es bleibt zu hoffen, dass der arme Kameramann nicht hinausgeschmissen wurde und heute irgendein tristes

Dasein fristen muss, nur weil er die Kamera auf die (wirklich wunderschönen) Beine von Verona Pooth gelenkt hat, die im Übrigen vermutlich bis heute nicht nachvollziehen kann, worin das Problem der ganz besonders Empörten bestand. Ein paar Jahre später übrigens war folgende Schlagzeile zu lesen: „Verona Pooth begeistert Fans im knappen Minikleid." Und – man glaubt es kaum: Hier blieb der empörte Aufschrei aus.

Eine andere Sache ist in diesem Zusammenhang ebenfalls problematisch: Denn während auf der einen Seite durch die Debatte über Sexismus ein immer weiteres Feld von Tabus entsteht (dessen Grenzen jedoch fließend und zumeist von subjektivem Empfinden geprägt sind), wird auf der anderen Seite durch die immer stärker ausgeprägte Kultur des Gender-Mainstreamings der Fokus immer mehr auf das Geschlecht der Menschen gerichtet. Das beginnt mit der Gendersprache, bei der „alle Geschlechter" Berücksichtigung finden sollen und nicht etwa „alle Menschen" und endet bei Veranstaltungen wie dem „Christopher Street Day", bei denen es ausschließlich um sexuelle Identität und Orientierung geht und wo jeder Fetisch öffentlichkeitswirksam zur Schau gestellt wird. Es ist also in vielen Bereichen immer mehr Sexualisierung wahrnehmbar. Natürlich ist die eigentliche Intention klar: Während Sexismus aufgrund der diskriminierenden Komponente ganz klar bekämpft werden sollte, wird bei Sexualisierung die Sexualität fokussiert und eben auf besonderen Veranstaltungen besonders gefeiert. Problematisch bleibt es aber dennoch. Menschen, die sich nämlich nicht ausschließlich über ihre Geschlechtszugehörigkeit und/oder über ihre Sexualität definieren, könnten sich dadurch tatsächlich diskriminiert fühlen. Das aber berücksichtigen die nicht, die permanent „Vielfalt" und „Toleranz" predigen, selbst aber absolut intolerant sind, wenn ihnen Vielfalt in Form einer anderen Meinung begegnet. Zu dieser Erkenntnis kam es nun ja bereits mehrfach. Und weiter: Warum muss sexuelle Orientierung überall und omnipräsent thematisiert und hervorgehoben werden? Während also auf der einen Seite auf fast schon prüde Weise Dinge verteufelt werden, an denen viele Menschen jedoch nur wenig Schlimmes finden, ist auf der anderen Seite ein immer größer werdender Exhibitionismus erkennbar. Dies allein kann phasenweise paradox wirken, und hier sollte dringend zum obersten Gebot in Sachen Toleranz der Appell erhoben werden, ein ausgewogenes Maß der persönlichen Einschätzung und Bewertung zu finden.

Wann kann man eigentlich tatsächlich von Diskriminierung sprechen?

Political Correctness treibt zuweilen seltsame Blüten. Zunächst ist wohl das erklärte Ziel, durch korrektes Verhalten diskriminierendes Verhalten zu verhindern.

Doch viel zu schnell sind Teile der Gesellschaft heutzutage zur Stelle, wenn es darum geht, tatsächliche oder gefühlte Diskriminierung zu beklagen und das lauthals zum Ausdruck oder zur Diskussion zu geben. Laut Definition versteht man unter Diskriminierung jede Form der ungerechtfertigten Benachteiligung oder Ungleichbehandlung von einzelnen Personen oder Gruppen aufgrund verschiedener wahrnehmbarer beziehungsweise nicht unmittelbar wahrnehmbarer Merkmale. Eine sehr dehnbare Definition, die eigentlich fast jede Situation zu einem potenziellen Diskriminierungsszenario werden lassen könnte. Auf diese Weise erfährt inzwischen nicht selten banales subjektives Missempfinden die gleiche Aufmerksamkeit wie objektiv nachweisbare Benachteiligung. Dies wird befeuert durch Aussagen der Antidiskriminierungsbeauftragten der Bundesregierung, Ferda Ataman, die der Ansicht ist, alles sei Diskriminierung, sobald es sich wie Diskriminierung anfühlt.

Sie beklagt beispielsweise, dass Deutschland ein Rassismusproblem habe. Kein Zweifel: Ausländerfeindlichkeit und

Rassismus sind leider Erscheinungen, die in der deutschen Gesellschaft durchaus verbreitet sind. Und wer für sich freiheitliches, faires Denken in Anspruch nimmt, muss sich dagegen positionieren, das steht völlig außer Frage. Doch auch hier gilt, dass es wenig Wert hat, wenn ausschließlich Haltung gezeigt wird und permanent Nebenkriegsschauplätze eröffnet werden. Damit wird dieses real existierende Problem nicht aus der Welt geschafft. Und der Umgang mit dieser Problematik seitens der Bundespolitik ist teilweise nur schwer nachvollziehbar und daher problematisch.

Besonders problematisch gestaltet sich auch hier das vielfach so empfundene Messen mit zweierlei Maß. Nur als Beispiel: Die Insel Bali verteilt einen Leitfaden an Reisende. Weil sich Touristen an Wahrzeichen und heiligen Orten unangemessen verhalten haben, sind nun Benimmregeln erlassen worden, die den Reisenden zusammen mit dem Stempel im Pass mitgegeben werden. Allgemein erfährt diese Maßnahme Zuspruch. Natürlich: „When in Rome, do as the Romans do." Wenn du in Rom bist, verhalte dich wie ein Römer. Es geht um nichts anderes als um Respekt und klassische Anpassungsfähigkeit.

Darum ging es jedoch auch vor Jahren in Zell am See, als dort unter dem Motto „Where cultures meet" ein Heftchen in englischer und arabischer Sprache herausgegeben wurde, das mit seinen Hinweisen ebenso um Respekt und Anpassungsfähigkeit bat.

Fast umgehend entbrannte daraufhin jedoch die Diskussion, dass das doch rassistisch sei und nach einiger Zeit beugte sich die Tourismusgesellschaft dem immer größer werdenden Druck und zog die Broschüre zurück. So etwas darf eigentlich nicht sein.

Differenzieren ist wichtig, aber Messen mit zweierlei Maß ist kein Differenzieren. Es zerstört die gemeinsame Grundlage. Geht es beispielsweise um Clankriminalität, kommt immer wieder die Frage auf, ob man diese überhaupt so nennen „darf". Mancher ist der Ansicht, das sei diskriminierend. Viele deutsche Politiker haben es überdies über einen langen Zeitraum hinweg vermieden, Klartext zu sprechen, einzuräumen, dass es ein Problem gibt im Zusammenhang mit Migration und Kriminalität (wobei natürlich hier wie überall gilt, dass man niemals „alle über einen Kamm scheren" darf).

Die dänische Regierungschefin Mette Frederiksen hingegen hatte noch nie Probleme, eklatante Integrationsdefizite bei Migranten beim Namen zu nennen. In Dänemark wird offen kommuniziert, dass es sich bei einem Großteil krimineller Jugendbanden um Jugendliche mit Migrationshintergrund handelt, von denen Frederiksen ganz klar sagt: „Sie sind in Dänemark schlecht integriert." Daher ist ein Maßnahmenpaket gegen diese Kriminalität die logische Konsequenz. Wenn es stattdessen in bestimmten gesellschaftlichen Teilen Deutschlands sogar als „ausländerfeindlich" gebrandmarkt wird, kriminelle Energie bei ausländischen Mitbürgern zu verurteilen, dann stimmt etwas ganz eindeutig nicht mehr. Kriminelle Energie ist bei jedem Menschen zu verurteilen!

Wie sagte schon der ehemalige Verfassungsrichter Peter Müller im Gespräch mit welt.de (05.06.23): „Nicht jeder, der über Ausländerkriminalität reden möchte, ist ein Ausländerfeind." Doch manche sind inzwischen so weit, dass sie bereits jemanden, der Ausländer als Ausländer bezeichnet, rechtsradikal nennen. Überhaupt sind heute einige Menschen sehr schnell mit diesem Totschlagargument zur Stelle. Gar keine Frage: Rechtsextreme Strömungen und Auswüchse gilt es mit allen vorhandenen, legalen Mitteln zu bekämpfen. Doch der Beurteilung, was als „rechts", als „rechtsradikal" oder als „rechtsextrem" zu gelten hat, sollte eine gewisse Sachlichkeit zugrunde liegen und viele, die vorschnell alles als „rechtsradikal" brandmarken, was nicht in ihren persönlichen Haltungsmodus passt und das Ganze zu allem Überfluss dann noch pauschal und sachlich falsch „rechts" nennen, sollten sich ihrerseits mal ein paar Gedanken über Toleranz und Meinungsfreiheit machen.

Übrigens belegen Nachrichten über die dänische Regierung des Öfteren, dass dort offenbar auch in anderen Bereichen Rationalität und Logik anstelle von Ideologie favorisiert werden. Und da schlägt es bei Weitem nicht so hohe Wellen, wenn die dänische Gleichstellungsministerin Marie Bjerre beispielsweise klarstellt, dass es rein naturwissenschaftlich nur zwei Geschlechter gebe und dass die verschiedenen Gender-Formen lediglich ein soziales Konstrukt seien. Ferner konstatiert sie, dass bei der Geburt kein Geschlecht „zugewiesen", sondern „festgestellt" werde. Sehr erholsam für alle die, die schon sehr an sich zu zweifeln begannen, weil sie ihre persönlichen Grundkenntnisse in Sachen Biologie zugrunde legten und sich lediglich an die Chromosomenpaare XX und XY als Maßstab für Geschlechterdifferenzierung erinnerten. In bestimmten Kreisen muss man sich heute für eine solche Sicht der Dinge leider als „transfeindlich" stigmatisieren lassen.

Und es kann nicht oft genug wiederholt werden: Im Zusammenhang mit einer solchen „Haltungsverurteilung" ist immer wieder das Messen mit zweierlei Maß zu beobachten. Wenn Dieter Nuhr in seinem Comedyprogramm etwas Grenzwertiges sagt, muss er sich die Attributszuweisung „rechtspopulistisch" gefallen lassen. Sagt Jan Böhmermann etwas Grenzwertiges aus dem eher linksorientierten Spektrum, ist es „Satire". Hier läuft eindeutig etwas aus dem Ruder, über Schlussfolgerungen und Konsequenzen möge sich jeder selbst sein Urteil bilden.

Eigentlich sollte sich der Fokus dieser Publikation auf rein sachliche Aspekte beschränken. Doch da es natürlich um politische Korrektheit im weitesten Sinne geht, lassen sich Rückschlüsse auf bestimmte politische Zusammenhänge nicht immer ganz aussparen.

Wenn beispielsweise streng religiöse Jugendliche an ihrer Schule anderen ihren Glauben und die dazugehörigen Verhaltensweisen aufzwängen wollen, muss das seitens der Politik bei aller Toleranz nicht nur verhindert werden, sondern man muss zudem deutlich kommunizieren, dass es verhindert wird. Und nur aus Sorge, man könne intolerant oder ausländerfeindlich wirken, diese Dinge zu verharmlosen oder gar die Verantwortung beim Lehrpersonal zu verorten mit der Begründung, dass dieses „nicht über ausreichend Kenntnisse" über die besagte Religion verfüge, ist gleichermaßen Armutszeugnis und Skandal. Das deutsche Grundgesetz fußt auf demokratischen Werten. Diese gilt es zu respektieren und zu schützen. Und zwar nicht nur gegen rechtsextremes Gedankengut!

Denn wenn man den Fokus nur noch fast schon fanatisch auf die „Gefahr von rechts" richtet, kann es passieren, dass wieder einmal nicht erkannt wird, wie uneingeschränkte und teilweise sehr unreflektierte Solidarität mit einer Gruppierung zu Diskriminierung einer anderen führt. Wenn das dann so skandalöse Ausmaße annimmt, wie auf der Berlinale 2024, muss sich Deutschland – oder vielmehr diejenigen, die die Sprachregelungen dort an sich gerissen haben – wieder einmal fragen, wie es um die Verhältnismäßigkeit bestellt ist.

Der Journalist Helge Matthiesen schreibt in einem Kommentar im Bonner General-Anzeiger vom 9./10. März 2024: „Die Frage, ob der Extremismus von links oder von rechts die größere Bedrohung darstellt, ist müßig. Beide haben das Potenzial, in Gewalt umzuschlagen. Gegen beide muss sich eine demokratische und freie Gesellschaft mit Nachdruck verteidigen." Dem ist nichts hinzuzufügen.

Grundsätzlich ist ein sehr bewusstes Differenzieren anstelle von wahlloser Verallgemeinerung und unreflektierter Sympathiebekundung dringend angebracht. Es ist eigentlich nicht schwer: Wenn jemand zum Beispiel erkennbar aufgrund seiner Hautfarbe benachteiligt wird, ist er ganz klar Opfer von Diskriminierung. Wenn dieser Jemand jedoch eine kriminelle Handlung begeht, muss er zur Rechenschaft gezogen werden und das vollkommen unabhängig von seiner Hautfarbe. Erfolgt das nicht oder fehlt es an Konsequenz im Umgang mit solchen Dingen, schürt man sogar ausländerfeindliches und rassistisches Gedankengut, denn dann ruft man all diejenigen auf den Plan, die sich in Deutschland auf die eine oder andere Weise „abgehängt" fühlen.

Neben diesen politisch-gesellschaftlich hochbrisanten Themen gibt es aber auch wesentlich banalere Beispiele dafür, dass längst nicht alles, was subjektiv als diskriminierend empfunden wird, tatsächlich Diskriminierung ist. Vor allem die sozialen Medien halten eine Menge Beispiele bereit.

Da wird etwa immer wieder über einzelne Restaurants berichtet, deren Betreiber sich nach einer Vielzahl schlechter Erfahrungen mit chaotischem Kinderverhalten dazu entschlossen haben, ihr gastronomisches Angebot nur noch Erwachsenen zu unterbreiten. Und sogleich treten natürlich Eltern auf den Plan, die das empört als Diskriminierung verurteilen. Für viele andere ist es hingegen absolut nachvollziehbar, wenn Restaurantbetreiber aufgrund ihrer persönlichen Erlebnisse solche Konsequenzen ziehen und von ihrem Hausrecht Gebrauch machen. Diejenigen, die laut „Diskriminierung" schreien, sollten sich stattdessen vielleicht einmal Gedanken machen, woran es liegen könnte, dass zu derartigen Mitteln gegriffen wird. Mit ein bisschen Realitätsbewusstsein erkennt man recht schnell, dass die Ablehnung hierbei nicht Kindern als solchen gilt, sondern vielmehr deren Verhalten, das als nicht tolerierbar erachtet wird. Und für dieses Verhalten sind im Zweifel die Eltern selbst verantwortlich, zumindest die Art von Eltern, die offenbar vergessen hat, ihren Kindern bestimmte Werte mit auf den Weg zu geben oder aber Eltern, die so sehr auf das „Wohl" ihres Nachwuchses fixiert sind, dass alles andere keine Rolle spielt. In solchen Fällen sind manche Kinder dann leider auch nicht mehr in der Lage, einfachste Regeln zu verstehen oder wenigstens zu akzeptieren.

Kindererziehung war immer schon etwas, an dem sich die Geister geschieden haben. Heute liefert sie unzählige Beispiele dafür, was in der Gesellschaft gerade richtig aus dem Ruder läuft, weil im Zuge eines überbordenden Antidiskriminierungsbedürfnisses inzwischen auch jede noch so unscheinbare „Ecke" oder „Kante" für die nachfolgende Generation aus dem Weg geräumt wird.

Das ist so beispielsweise im Zusammenhang mit dem Thema „sportlicher Wettkampf" zu beobachten: Hier sieht die Jugendreform im deutschen Fußball nun vor, dass im G- bis E-Jugendbereich klassische Ergebnisse und Tabellen wegfallen sollen. Dazu äußerte sich Hans-Joachim Watzke, Geschäftsführer des Fußball-Bundesligisten Borussia Dortmund, wie folgt: „Wenn wir Angst haben, dass ein Achtjähriger komplett aus dem Lebensgleichgewicht geworfen wird, weil er mal 5:0 mit seiner Mannschaft verliert, dann sagt das auch sehr viel über die deutsche Gesellschaft aus." Das ist recht diplomatisch von ihm formuliert, ja beinahe „antidiskriminierend". Steffen Baumgart, Cheftrainer des Hamburger SV, sieht es so: „Wir sind eine Generation, die nur noch den weichen und seichten Weg geht. Das kann doch wohl nicht wahr sein. Es ist doch nicht schlimm, wenn ein Kind verliert. Es muss doch lernen, mit Niederlagen umzugehen." Recht hat er! Wie soll sich eine Persönlichkeit formen, ein Charakter herausbilden, wenn alle jungen Menschen immer nur in Watte gepackt werden und dadurch überhaupt keine realen Sinneseindrücke und Gefühle mehr verarbeiten können? Wie weit will man noch gehen in dem Bestreben, dass sich niemand „herabgesetzt" oder „diskriminiert" fühlt?

WeLT-Autor Lutz Wöckener schreibt anlässlich der gestrichenen Bundesjugendspiele einen offenen Brief: „Liebe Drittklässler, ihr werden im Frühjahr die ersten sein, denen in der Schule das Recht auf sportlichen Wettkampf genommen wird. Eure älteren Verwandten durften in eurem Alter einmal im Frühjahr allen zeigen, wie schnell sie laufen, wie weit sie werfen und springen können. Ihr leider nicht. Nun finden einige Erwachsene, dass das doof ist und ihr noch zu jung dafür seid. Vielleicht wissen sie nicht, dass Ihr Kinder eigentlich immer, überall und aus allem einen Wettkampf macht. Wer kann länger unter Wasser bleiben? Wer kann sich schneller anziehen? Das ist nicht schlimm, sondern natürlich. Ihr lernt dadurch Gewinnen und Verlieren, Respekt, den Umgang mit Sieg und Niederlage und bildet Eigenschaften heraus, deren Bezeichnung ihr heute noch gar nicht versteht: Zielstrebigkeit und intrinsische Motivation, Akzeptanz und Ehrgeiz. Und vor allem, dass man besser wird, wenn man sich anstrengt, trainiert und übt – total egal auf welchem Level. Ja, Sport und Wettkampf sind eine wunderbare Schule. Für das Leben."

Wer aus falscher Rücksichtnahme Kinder um diese Erfahrung bringt, hat es einfach nicht verstanden. Der rennt nur einer Entwicklung nach, der zufolge alles ausgeschlossen werden muss, was irgendwen „verletzen" oder „herabsetzen" könnte – ohne zu wissen, wo „Herausforderung" endet und „Verletzung" oder „Herabsetzung" beginnt.

Dass diese Haltung sich bei jungen Eltern vermehrt durchsetzt, erkennt man auch immer wieder in Alltagssituationen, wenn zum Beispiel im Flugzeug in der Reihe hinter dem eigenen Platz eine Familie sitzt, deren Kinder nichts Besseres zu tun haben, als bereits lange vor dem Start die Rückenlehne des Vordersitzes mit den Schuhen schwungvoll zu malträtieren. Eine Weile nimmt man das zähneknirschend hin in der Hoffnung, dass irgendwann ein Erziehungsberechtigter vielleicht einmal das vermutlich stark gelangweilte und daher überaktive Kind darauf hinweist, dass das weder nötig noch sinnvoll und schon gar nicht angenehm für die Person ist, die da vorne sitzt. Doch spätestens, wenn auch noch jemand vom Servicepersonal kommt und darauf aufmerksam macht, dass nun die Gurte zu schließen sind und daraufhin markerschütterndes Protestgebrüll im Nacken ertönt, gibt man diese Hoffnung auf. Denn das Gebrüll wird nicht etwa mit einer deutlichen Ermahnung und einer klaren Anweisung quittiert, sondern es ertönt leise und sanft: „Emilia, was hast du denn, mein Schatz? Du musst doch jetzt nicht so ausflippen." „ICH WILL MICH NICHT ANSCHNALLEN." „Ach Schatz, ich verstehe dich ja, aber leider wird es nicht anders gehen. Komm, lass es uns wenigstens mal versuchen." Spätestens in diesem Moment setzt die Desillusion ein und man muss erkennen, dass sich da eindeutig bestimmte Grenzen verschoben haben.

Wenn heute in einer Hotelanlage zum Beispiel durch ein gut sichtbares Hinweisschild darauf aufmerksam gemacht wird, dass der dort vorhandene alte Baumbestand bitte nicht zum Klettern missbraucht werden solle und es überdies auch unzählige andere Möglichkeiten gebe, um dem Bewegungsdrang der Kinder zu begegnen, fühlen sich einige Eltern davon nicht wirklich angesprochen. Es ist ja auch viel wichtiger, dass die lieben Kleinen nicht das Gefühl bekommen, diskriminiert zu werden, wenn sie doch nun einmal auf genau diese Bäume klettern wollen. Nein, lieber sollen sie dann doch ein Erfolgserlebnis verbuchen können, während ihre stolzen Eltern das Ganze per Foto oder gar Video in diesem tollen Ambiente für die Nachwelt und natürlich für die sozialen Medien festhalten. Anstatt also bereits kleine Kinder damit vertraut zu machen, dass es überall für ein gütliches Miteinander gewisse Regeln zu beachten gilt, ermutigen sie sie lieber, über das Absperrseil zu steigen und den Baum zu entern. Im ungünstigsten Fall fällt das Kind dann vom Baum hinunter und die Eltern verklagen das Hotel wegen nicht ausreichender Sicherheitsvorkehrungen. Solche Eltern sind es dann auch, die ihrem Kind, wenn es sich an der Eisstation des Hotels für das soeben erhaltene Eis tatsächlich bedankt, in ihrer grenzenlosen Selbstgerechtigkeit mitteilen: „Du musst nicht danke sagen, wir haben dafür schließlich bezahlt." Hierbei handelt es sich übrigens um kein fiktives Beispiel – das ist exakt so geschehen. So kann man es natürlich machen. Das erklärt dann aber auch, warum die Zahl an Egoisten in der Gesellschaft immer größer wird.

Gleichzeitig – und das passt so gar nicht zu den soeben beschriebenen Situationen – sollen Kinder von heute aber auch ein besonderes Maß an Empathie entwickeln und frühzeitig ein Gespür für Diskriminierung bekommen. In diesem Zusammenhang sind inzwischen beispielsweise Bestrebungen durchgesetzt worden, das seit Jahrzehnten gängige Repertoire an Kinderliedern gründlich zu revolutionieren. Als Begründung dafür wird angeführt, dass mit einigen dieser Lieder rassistische Weltbilder weitergegeben und Kinder dadurch stereotype Anschauungen übernehmen würden. Daher raten fachkundige Menschen, auf Lieder wie „Drei Chinesen mit dem Kontrabass" oder „C-A-F-F-E-E" besser zu verzichten. Grundsätzlich ist es ja sicher keine schlechte Idee, rassistisches Gedankengut bereits im Keim zu ersticken. Allerdings darf dennoch die Frage nach der Wirksamkeit dieser Methode gestellt werden. Wenn man alles von den Kindern fernhält, werden auch diese wiederum später nicht in der Lage sein zu differenzieren. Man kann sich nur ein Urteil über Dinge und Sachverhalte bilden, mit denen man auch – praktisch oder aber zumindest theoretisch – konfrontiert wird. Ein erklärender Ansatz wäre in einem solchen Fall vielleicht zielführender als ein annullierender.

Gleichzeitig wäre es wirklich schön, wenn ein ähnlich großes Engagement darauf verwendet würde, Kindern den Wert ganz normaler Rücksichtnahme im Alltag zu vermitteln. Das ist natürlich in erster Linie Sache der Eltern. Der Eindruck, der sich im bereits beispielhaft erwähnten Hotel breitmachte, war allerdings der, dass die Erwachsenen von morgen unglücklicherweise in vielen Fällen nicht oder nicht mehr vermittelt bekommen, dass man beispielsweise das Essen an einem Buffet nicht mit den Händen anfasst. Manche scheinen noch nie davon gehört zu haben, dass man erst einmal wenig nimmt, um zu probieren, bevor man sich einen Teller übervoll packt, um dann mehr als die Hälfte darauf liegenzulassen. Und ihre Eltern haben offenbar auch versäumt, ihnen mitzuteilen, dass man nicht mit Tellern und Gläsern und auch nicht ohne durch ein volles Restaurant rennt, nicht nur, weil andere Menschen ebenfalls gefüllte Teller zu ihren Plätzen balancieren. All dies den eigenen Kindern beizubringen, sollte für Eltern eigentlich eine Selbstverständlichkeit sein, doch offenbar sind das persönliche Bedürfnis nach eigener Entspannung und der Wunsch, dass sich der Nachwuchs „frei entfalten" möge, bei vielen so groß, dass Rücksichtnahme auf andere Gäste dem dann doch lieber untergeordnet wird. Am Ende bleibt die Frage, ob diese Eltern zu überzeugt oder einfach nur zu bequem sind, ihre Kinder auf diesem guten Weg ein wenig zu lenken und zu begleiten. Aber Hauptsache, die Kids singen keine „problematischen" Kinderlieder mehr.

In Deutschland wird darüber hinaus immer wieder eine Bildungskrise beklagt, Stichwort „Pisa-Debakel". Neben der besorgniserregenden Problematik, dass es manchen Lehrern offenbar wichtiger ist, Ideologien zu vermitteln, als sachlich zu unterrichten, wird auch hier ein Zusammenhang mit dem Elternverhalten ersichtlich. Es hat ganz einfach negative Auswirkungen, wenn Eltern ihre Kindern entweder überbehüten oder sie – im anderen Extrem – ausschließlich sich selbst überlassen. Im Falle einer Überbehütung stehen die Eltern bei schlechten Schulnoten der Sprösslinge sofort auf der Matte, beschimpfen die in ihren Augen inkompetenten Lehrer und drohen schlimmstenfalls mit dem Anwalt. Der Gedanke, dass das Kind möglicherweise einfach faul sein könnte, kommt diesen Eltern nicht. Hinzu kommt, dass viele Standards abgesenkt wurden, normale Leistungen werden in den Himmel gelobt, und beispielsweise beim unsäglichen „Schreiben nach Gehör", das lange Zeit praktiziert wurde, sollten Kinder nicht korrigiert werden, um sie nicht unnötig zu „frustrieren".

Dies alles ist „gut gemeint", aber nicht ganz so gut gemacht, es ist ein „Zuviel des Guten", geleitet von ideologischen Motiven und fernab des gesunden Menschenverstandes. Das gegenteilige

Problem ergibt sich bei Kindern, die sich selbst überlassen werden. Ihnen werden Informationen und Wissen nicht vorgekaut, sondern vorenthalten. Doch um diese Problematik soll es hier nicht primär gehen. Fazit ist dennoch, dass am Ende in beiden Fällen gewinnbringende Erfahrungen auf der Strecke bleiben.

Antidiskriminierung?

Bedauerlicherweise haben viele Menschen, die der Überzeugung sind, die „richtige" Haltung zu vertreten und damit zu den „Guten" zu gehören, eine unangenehme Tendenz von moralischer Selbsterhöhung und Überheblichkeit. Dass sie sich dabei oft ebenso intolerant verhalten, wie sie das den von ihnen so titulierten Ewiggestrigen vorwerfen, denen, die „immer noch nichts gelernt haben", wird geflissentlich ignoriert. Natürlich darf man seine Meinung nicht nur haben, sondern auch sehr bestimmt vertreten. Wenn es dann aber so weit geht, dass man Personen, deren Haltung mit der eigenen Denkweise nicht konform geht, als „Aussortierte" bezeichnet, wie beispielsweise Klaas Heufer-Umlauf das anlässlich eines Fotos gemacht hat (nachzulesen beim Redaktionsnetzwerk Deutschland am 29. August 2023), auf dem Entertainer Harald Schmidt mit Hans-Georg Maaßen zu sehen ist, zeugt dies nicht nur von großer moralischer Selbsterhöhung, sondern zeigt schlicht und ergreifend eine schäbige Charakterseite auf. Es ist jedem unbenommen, das Verhalten oder die Äußerungen eines Hans-Georg Maaßen – seines Zeichens ehemaliger Präsident des Bundesamtes für Verfassungsschutz und Parteivorsitzender der Werteunion – sachlich zu kritisieren. Doch hier wurde ein Mensch dargestellt, als sei er ein widerliches Insekt – das zeugt nicht wirklich von einer toleranten Lebenseinstellung.

Kollektive Empörung ist etwas, das in Deutschland vor allem dank der Verbreitung durch einen Großteil der Medien seit einiger Zeit sehr gut gedeiht. Mit einem „das geht ja gaaaar nicht" ist man gleich auf der Seite der Guten und Richtigdenkenden. Dabei ist zunehmend unerheblich, wenn zum Beispiel jemand vorverurteilt wird, dessen Schuld überhaupt nicht bewiesen ist. Medien stürzen sich mit Genuss darauf, nicht zuletzt, weil sie alles feiern, was Klicks bringt. Sie geben damit aber genau die moralische Instanz, die sie laut Neutralitäts-Kodex nicht sein sollten.

Am Ende stellt sich dadurch zumindest dem kritischen Zeitgenossen die Frage, ob das, was unter dem Oberbegriff „Antidiskriminierung" derzeit vielfach propagiert wird, dieser Bezeichnung wirklich gerecht wird. Und apropos gerecht: Es ist ebenfalls fraglich, ob all das, was da mit Eifer vorangetrieben wird, tatsächlich dieses Attribut verdient hat. Manche der Methoden und Maßnahmen, die im Namen der „Demokratierettung" durchgeprügelt werden oder werden sollen, erinnern zumindest im Ansatz an etwas, das man salopp „DDR 2.0" nennen könnte. Damals gab es Menschen, die sich dazu animieren ließen, ihre Nachbarn anzuzeigen, wenn der Verdacht bestand, dass diese beispielsweise „Westmedien konsumierten" oder gar etwas „Republikfeindliches" im Schilde führten. Heute fördern staatlich finanzierte Organisationen wie die Amadeu-Antonio-Stiftung unter dem Deckmantel der „Gleichberechtigung" ein neues Denunziantentum. Eine Meldung könnte nun beispielsweise folgendermaßen lauten: „Meine Kollegin verhält sich antifeministisch, sie weigert sich, Gendersprache zu nutzen."

In diesen Kreisen scheint man nicht zu begreifen, dass man gegen Gendersprache sein kann und bestimmte „Antidiskriminierungsmaßnahmen" als übertrieben oder auch falsch empfindet, aber dennoch die sogenannte Alternative für Deutschland, und das, wofür sie steht, kategorisch ablehnt. Stattdessen werden diejenigen, die anderer Meinung sind, mit der Gülle unreflektierter „Rechts"-Vorwürfe überschüttet. Wo bleibt da die Toleranz? Wo bleibt das Nachdenken? Wo bleiben Vernunft und Logik? Wird all dies sofort ausgeschaltet, sobald irgendjemand irgendwo ein „Das geht ja gar nicht!" in den Raum wirft? Wenn das so ist: Das geht ja gar nicht, dass man Menschen, die den Mainstream beziehungsweise diejenigen, die sich und ihren Habitus dafür halten, in ihrer Agitation kritisieren, gleich als radikal, extrem oder undemokratisch beschimpft.

Daher soll diese Publikation auch an dieser Stelle noch einmal als ausdrückliches Plädoyer für ein gutes Maß der Dinge, für einen vernünftigen Mittelweg, für mehr Zuhilfenahme rationaler Erwägungen stehen. Denn es ist wirklich schlimm und überaus belastend, wenn Menschen, die ihr Leben lang freiheitliche Werte hochgehalten haben, nun von Ideologen vollkommen unberechtigt in eine politische Ecke gedrängt werden, in die sie nicht gehören.

„Als bundesweite Meldestelle dokumentieren wir antifeministische Vorfälle. Mit Ihrer Hilfe machen wir antifeministische Zustände sichtbar", beschreibt die Amadeu-Antonio-Stiftung ihren Auftrag und begründet dies mit dem Verweis auf das Grundgesetz, Artikel 3 Absatz 2. Dort ist zu lesen: „Männer und Frauen sind gleichberechtigt. Der Staat fördert die tatsächliche Durchsetzung der Gleichberechtigung von Frauen und Männern und wirkt auf die Beseitigung bestehender Nachteile hin." Das klingt logisch, nachvollziehbar und gut. Aber es eignet sich nicht im Geringsten als Begründung für die „antifeministischen" Bestrebungen, denen sich die Stiftung verschrieben hat. Da es im Gesetz um „Gleichberechtigung" geht und nicht um „Frauenbevorzugung", sollten dementsprechend auch Vorfälle dokumentiert werden, die die männliche Würde angreifen. Das wäre dann wirkliche Gleichberechtigung. Aber nein, bösartige Stigmatisierungen wie „alter, weißer Mann" werden niemals verfolgt – im Gegenteil: Sehr oft erweckt es den Eindruck, dass so etwas nach der Doktrin der „Fortschrittlichen" offenbar akzeptabel ist. In Wahrheit ist es jedoch diskriminierend – denn es bestätigt, dass nach wie vor die Tendenz besteht,

Frauen per se eher in der Opferrolle zu sehen und Männer per se in der Täterrolle. Auch hier wird, wie so häufig, einfach nicht differenziert.

Diese fehlende Differenzierung trägt schon seit vielen Jahren dazu bei, dass der Begriff „Gleichstellung" unter bestimmten Umständen dann und wann einen faden Beigeschmack mit sich führt. Und um die Absurdität des Ganzen noch mehr zu verdeutlichen: Es gibt zwischenzeitlich „Aufklärungsmaterial" bestimmter Initiativen, in dem Antifeminismus quasi auf eine Ebene gestellt wird mit Rassismus und Antisemitismus. Wenn man nun überlegt, was seitens der Amadeu-Antonio-Stiftung bereits als „antifeministisch" gebrandmarkt wird, geht es im Klartext um die Unterstellung, dass, wer Kritik an einer grammatikalisch falschen Gendersprache übt, ein gleichermaßen radikales und verabscheuungswürdiges Gedankengut hat wie jemand, der Ausländer oder Juden hasst. Das soll gerecht sein? Antidiskriminierend? Nicht wirklich, vielmehr handelt es sich hierbei um Fanatismus, Diffamierung und Diskriminierung in Reinform. Man kann sich nur kopfschüttelnd fragen: Wo um alles in der Welt bleiben hier Logik und Sachlichkeit, die doch so dringend benötigt werden?

Wo ist der „gesunde Menschenverstand" abgeblieben?

In diesem Kapitel soll der etwas überstrapazierte Begriff „gesunder Menschenverstand" einmal bewusst provokant ein wenig in den Mittelpunkt gerückt werden, denn man muss sich eine solche Frage - wie hier als Überschrift gewählt – immer häufiger in immer mehr Zusammenhängen stellen.

So berichteten Medien zum Beispiel – was gut und sinnvoll ist – auf vielfältige Weise über den Weltfrauentag. Es wurde die Situation von Frauen im Allgemeinen und Speziellen beleuchtet, Themen wie Gender Pay Gap und Care Arbeit wurden diskutiert, die vielerorts immer noch fehlende Selbstverständlichkeit von Frauen in Führungspositionen thematisiert. Natürlich ging es auch um die teilweise katastrophalen Bedingungen, unter denen Frauen vielfach leben müssen, Frauen, deren Rechte schlicht und ergreifend von Männern beschnitten werden beziehungsweise faktisch nicht vorhanden sind. Ebenfalls zur Sprache kommen musste an einem solchen Tag das Thema Gewalt gegen Frauen, Gewalt bis hin zum Femizid, nicht nur in Ländern, in denen das Patriarchat nach wie vor existiert, sondern auch unmittelbar vor der Haustür: Laut einer Statistik stirbt in Deutschland jeden dritten Tag eine Frau durch die Hand eines Mannes. Und patriarchalische Denkstrukturen enden nicht an irgendwelchen Landesgrenzen, sondern zeigen sich ebenfalls – auf sehr individuelle Weise – mitten in unserer Gesellschaft.

Vor diesem Hintergrund ist es absolut berechtigt, am Weltfrauentag auf die vielen Missstände hinzuweisen, mit denen Frauen nach wie vor zu kämpfen haben. Damit schafft man zumindest temporär ein stärkeres Bewusstsein dafür, dass es noch viel zu tun gibt.

Fest steht jedoch ebenfalls: Es ist auch hier unglaublich wichtig, bei alledem zu differenzieren. Denn es gilt nicht nur Probleme aufzuzeigen, sondern genauso Erfolge zu benennen und positive Entwicklungen zu skizzieren. Es gibt so viele starke, mutige und erfolgreiche Frauen, und es wäre fatal, wenn diese Tatsache unter den Tisch fallen würde. Ebenso fatal wäre es, wenn am Ende eines solchen Tages ausschließlich der Eindruck zurückbliebe, wie ungerecht das alles oft ist und wie hilf- und machtlos Frauen manchen Situationen gegenüberstehen. Frauen pauschal – auch durch tendenziöse Berichterstattung – in eine Opferrolle zu drängen, ist wenig zielführend.

Als ebenso wenig zielführend, sondern schlicht und ergreifend absolut albern mutet es an, wenn im Kontext des Weltfrauentages eine Tageszeitung, die sonst das Wort „Anzeiger" in ihrem Namen trägt, sich als nette Reminiszenz an Frauen-Belange für diesen einen Tag „Anzeigerin" nennt. Das ist ebensolche Kosmetik und Augenwischerei, wie es die Gendersprache ist: reine Symbolpolitik, die allenfalls bei den einen das Ego streichelt und bei den anderen die Nerven beruhigt in dem zweifelhaften Bewusstsein, damit gut und gerecht zu sein und zu handeln. Sehr schade, aber absolut verständlich, dass auf diese Weise eher hämische Kommentare provoziert werden. Das eigentliche Anliegen bleibt dabei auf der Strecke.

Bestimmte Themen, die die Gleichberechtigung von Frauen betreffen, immer wieder in den Vordergrund zu stellen, ist prinzipiell gut und wichtig. Probleme in diesem Zusammenhang aufzuzeigen ist ebenfalls wichtig. Sie rational und verhältnismäßig und vor allem ohne ideologischen Fanatismus anzugehen, ist unerlässlich.

Und was grundsätzlich die Einschätzung mancher Frauen – ihre Situation als Frau betreffend – angeht, wäre eine gesunde Portion Realismus manchmal deutlich zielführender als blinder Aktionismus, der immer planloser um sich greift.

So begab es sich im feierfreudigen Köln in einem Hotel, dass sich eine Dame beschwerte, weil dort die Liedzeile „Bloodwoosch, Kölsch un e lecker Mädche" als Werbung zu lesen ist. Die Dame äußerte die dringende Bitte, man solle diese Form der Werbung noch einmal überdenken, weil sonst der Eindruck entstehen könnte, man könne in dem Hotel, in dem sie zu lesen ist, neben Essen und Trinken auch Mädchen genießen und das sei sexistisch.

Wie durchdrungen vom woken Zeitgeist muss man sein, um sich zu einer so puritanischen Aussage hinreißen zu lassen? Und was kommt als Nächstes? In Zeiten, als das alles noch ein wenig normaler war, galt auch in diesem Bereich das Gebot der Verhältnismäßigkeit und damit ging es um die Angemessenheit einer Handlung, einer Bewertung oder eines Urteils. Dieser Grundsatz scheint mehr und mehr in Vergessenheit zu geraten, weil – man kann es nicht oft genug betonen – schlicht und ergreifend eine besondere Fähigkeit im Zuge eines fast schon fanatischen Korrektheitsbedürfnisses immer mehr in den Hintergrund getreten ist: die Fähigkeit zu differenzieren.

Wie gut, dass das Hotel der Anregung der Dame, die Werbung „noch einmal zu überdenken", nicht nachgekommen ist und stattdessen auf das kölsche Kulturgut verwiesen hat. Und auch die Band *Höhner*, aus deren Song die Liedzeile stammt, war zu keinem Kommentar dazu bereit, letztlich die beste Art und Weise, auf einen so anmaßenden Versuch von „Cancel Culture" zu reagieren. Wenn sich die Dame dort unter den gegebenen Umständen nicht wohl fühlt, zwingt sie ja keiner, dorthin zu gehen.

Wenn man so etwas liest, wünscht man sich umso mehr, dass sich viel mehr Menschen wieder von einem gesunden Instinkt und einer gut ausgeprägten Vernunft leiten lassen, nicht alles bis ins Mark hinterfragen, nicht alles kaputtinterpretieren und wieder ein kleines bisschen mehr Lockerheit und Lebensfreude finden.

Political Correctness im Endstadium ist es übrigens, wenn ein Getränk in einem regenbogenbunten Tetrapack an die Verkaufstheken geht und mit dem Namen „Durstlöscherin" zweifelhafte Aufmerksamkeit erregt. Durst zu löschen, ist demnach offenbar keine Handlung oder gar Überlebensfunktion mehr, sondern sollte auf jeden Fall unter dem Aspekt der Geschlechtergerechtigkeit betrachtet werden. Aber warum? Kann ein (offenbar zu männlich konnotierter) Durstlöscher auch nur bei Männern Durst löschen? Würde eine feministisch überzeugte Frau lieber verdursten, als eine Flüssigkeit zu sich zu nehmen, die ihr irgendwie zu männlich klingt? Fühlt sich ein durstiger non-binärer Mensch nicht angesprochen, wenn der Name des Getränks – wohlgemerkt: des Getränks – zu männlich daherkommt? Oder sollte man das alles ebenfalls – wie bei der „Berliner Luft" – einfach nur als einen genialen (?) PR-Coup betrachten, bei dem ein paar Kreative einen vermeintlichen Mainstream aufgegriffen haben und damit nun Kohle scheffeln wollen? Vielleicht am ehesten das. Allerdings muss auch da berücksichtigt werden, dass es Menschen geben könnte, die sich dadurch diskriminiert fühlen könnten, da sie ihr Anliegen möglicherweise als verulkt dargestellt empfinden. Irgendwem geht schließlich immer irgendetwas gegen den Strich.

Als besonders eifrig, Missstände mit diskriminierendem Potenzial aufzudecken und weitestmöglich auch zu ahnden, haben sich vermutlich die Mitarbeiter der Antidiskriminierungsstelle Heilbronn erwiesen. Wie den Medien zu entnehmen ist, schreiten sie auch da beherzt ein, wo niemand außer ihnen selbst Rassismus oder ähnliches vermutet. Menschen für etwas zu „sensibilisieren" klingt zunächst wirklich gut. Menschen jedoch die Kompetenz abzusprechen, sich ein eigenes Urteil zu bilden und stattdessen permanent nur den moralischen Zeigefinger zu erheben, ist übergriffig. Wer so vorgeht, agiert selbst nicht besonders „sensibel", versteht seinen Auftrag falsch und sollte vielleicht doch seinen Horizont noch einmal etwas erweitern.

Hinweise, dass man sich zu Karneval doch besser als Tier, Pflanze oder Maschine verkleiden solle, um keinerlei menschliche Gefühle zu verletzen, ein Plakat als diskriminierend zu kritisieren, weil das „hässliche Entlein" darauf schwarz gezeichnet ist oder ein islamkritisches Theaterstück als per se rassistisch zu verurteilen, ist sicher kein sinnvolles Vorgehen, um künftige Diskriminierungen zu reduzieren.

Die Schieflage in unserer Gesellschaft ist unübersehbar. Es gibt viel zu oft ein „Zuviel des Guten" und das vielfach maßlos übertriebene „gut gemeint" endet nicht selten in einem „schlecht gemacht".

Die, die eifrig Sternchen oder ähnliche Pausenzeichen beim Schreiben und Sprechen verwenden, tun das in bestem Bewusstsein, diskriminieren damit aber beispielsweise Seh- und Hörbehinderte und Nicht-Muttersprachler.

Die, die das Auftrittsverbot einer Seniorentanzgruppe in bestimmten Kostümen unterbinden, meinen, damit kulturelle Aneignung zu verhindern. Doch damit diskriminieren sie die freundlichen älteren Damen, die nichts Böses im Sinn hatten und mit ihrem Tanz lediglich ihr Publikum erfreuen wollten.

Diese einseitige Denkweise hat nichts mit Toleranz und Fortschrittlichkeit zu tun. Sie ist nicht weniger engstirnig als das, was deren Vertreter Menschen mit von ihrem Denken abweichenden Sichtweisen vorwerfen. Und diese Denkweise ist weit entfernt von Demokratie, deren Verteidigung oder gar Rettung gerne als das eigentliche Motiv für all diese maßlose Übertreibung angeführt wird.

Es besteht nicht der geringste Zweifel: Demokratie ist unendlich wichtig, sie zu bewahren die Aufgabe jedes einzelnen. Doch mit Demokratie ist auch die Bereitschaft gemeint, Kritik anzunehmen, sich selbst zu korrigieren und auch einmal andere Perspektiven einzunehmen.

Und ja: Angesichts der vielen schwerwiegenden Probleme, die es in Deutschland derzeit zu bewältigen gibt, sollten sich die Verantwortlichen endlich einmal die Frage stellen, ob das eine oder andere Vorantreiben überwiegend ideologisch geprägter Befindlichkeiten nicht doch eher etwas "zu viel des Guten" ist!

Was läuft noch schief? Sicher der Sachverhalt, wenn oftmals sehr junge Frauen meinen, „alten, weißen Männern" etwas über Feminismus und Sexismus erzählen zu müssen. Leider fehlen ihnen zur vollständigen Beurteilung der Lage einige Jahrzehnte an Lebenserfahrung – eine Lebenserfahrung, über die übrigens selbsternannte alte, weiße Frauen tatsächlich verfügen. Und auch, wenn man es kaum für möglich hält: Auch die hatten bereits mit Sexismus umzugehen. Nur hieß das damals noch nicht so, und die Frauen haben in den meisten Fällen (hier wird tatsächliche sexuelle Gewalt natürlich ausdrücklich ausgenommen) deutlich souveräner reagiert. Natürlich geht es auch hier vielfach um das persönliche Empfinden. Doch wer heute in eine Lebenskrise stürzt, weil jemand „Hey Süße" gerufen hat (wie das vor einiger Zeit tatsächlich irgendwo zu lesen war), hat von den wirklichen Problemen dieser Welt offenbar noch nichts gehört oder sie nicht verstanden.

Hier scheint sich nun ein Kreis zu schließen, denn es geht wieder wie bereits ganz zu Beginn dieser Publikation um Feminismus beziehungsweise um exzessiv ausgelebten und vorangetriebenen Feminismus. Man muss resümieren, dass das, was ursprünglich einmal der wirklich gute Grundgedanke des Feminismus war, nämlich das Vorantreiben der Gleichberechtigung der Frauen, heute leider vielfach furchtbar ad absurdum geführt wird.

So dürfen sich Frauen seit Neuestem über eine ganz neue Form von Gleichberechtigung freuen. Was für ein Glück nämlich, dass es mancherorts jetzt Ampelfrauen gibt. Damit sind nicht – wie man vielleicht zunächst denken könnte – die weiblichen Mitglieder der Ampelregierung gemeint, sondern es handelt sich um Piktogramme auf Lichtzeichenanlagen, die ganz eindeutig weiblich sind, weil sie einen Rock tragen. Damit ist das Abendland gerettet, ganz klar! Und was für ein Sieg über das Patriarchat: Die Ampelmännchen sind – zumindest in diesem Stadtteil dieser sehr progressiven Stadt – erst einmal verbannt.

Ein weiteres Beispiel dafür, wie es mit falsch verstandenem Feminismus entsetzlich aus dem Ruder laufen kann: Wieder einmal macht eine Journalistin mit einem Beitrag im Magazin *Stern* feministisch motiviert und durchaus medientauglich von sich reden. Sie regt sich darüber auf, dass bei den Nominierungen für die Oscars des Jahres 2024 RyanGosling für seine Rolle als „Ken" für einen Oscar als bester Schauspieler nominiert wurde, Margot Robbie hingegen nicht für ihre Rolle als „Barbie" in der Kategorie „beste Schaupielerin". Sie interpretiert diesen vermeintlichen Missstand als „Angst vor starken Frauen". Als Mensch mit halbwegs vernünftig ausgeprägten kognitiven Fähigkeiten kann man

darüber nur den Kopf schütteln, denn beide Schauspieler werden in unterschiedlichen Kategorien gewertet. Wie kann man da eine Benachteiligung der
Frau wittern? Kann eine Frau dem feministischen
Ansehen und Ansinnen noch mehr schaden als mit
einer derart undifferenzierten Schlussfolgerung?
Und warum müssen sich ausgerechnet Frauen, die
immer wieder Sexismus beklagen, wieder und wieder nur auf ihr Geschlecht reduzieren? Kompetenz
ist das neue Geschlecht. Können ist das neue Geschlecht. Talent ist das neue Geschlecht. All dies
sind Eigenschaften und Fähigkeiten von Menschen.
Warum sollte jemand für einen Oscar nominiert
werden? Wegen einer guten schauspielerischen
Leistung natürlich und nicht etwa wegen seiner Geschlechtszugehörigkeit.

Sehr erschreckend muten zudem Äußerungen
an, die auf einem merkwürdigen Profil auf „X"
(ehemals Twitter) zu lesen sind. Eine Gruppe von
Menschen, die sich „Gesellschaft für Demokratie"
nennt, schreibt dort: „Auch versehentliches Mis-
gendern verletzt und muss mit empfindlichen Frei-
heitsstrafen geahndet werden." Mit Freiheitsstra-
fen? Ernsthaft? Wo bleiben – wie immer – Toleranz
und Verhältnismäßigkeit? Hier kann man nur hoffen, dass es sich bei diesem Profil um einen Satire-
Account handelt. Wäre das nicht der Fall, müsste
man, wenn man sich den Namen „Gesellschaft für
Demokratie" im Zusammenhang mit der genannten Forderung auf der Zunge zergehen lässt,

tatsächlich den Geisteszustand der Akteure hinter diesem Profil in Frage stellen.

Das alles ist nicht mehr nachvollziehbar und führt einmal mehr zu dem dringenden Wunsch, der vielfach immer wieder geäußert wird: Es wäre wirklich schön und zielführend, wenn dem gesunden Menschenverstand etwas mehr Raum zugestanden würde. Etwas mehr Verhältnismäßigkeit, ein ausgewogenes Maß der Dinge, der berühmte Mittelweg – all das würde unserer zurzeit sehr gespaltenen Gesellschaft nicht nur gut zu Gesicht stehen, sondern auch sehr gut tun!

Derzeit sieht es jedoch eher so aus, dass das Denken in bestimmten Kreisen in allen Bereichen ausschließlich vermeintlich Minderprivilegierten gilt. Wenn Otto Normalverbraucher sich dadurch diskriminiert fühlt, trifft dies auf kein allzu ausgeprägtes Interesse, weil er im Zweifel ein „alter, weißer Mann" und damit per se überprivilegiert ist. Ein trauriger Zustand, der so nicht bleiben sollte.

So zumindest lautet das persönliche Fazit einer „alten, weißen Frau", die das hohe Gut der Meinungsfreiheit überaus schätzt und bewahrt wissen möchte – und daher natürlich auch akzeptieren kann, wenn andere für sich ein anderes Fazit ziehen.

MIX

Papier | Fördert
gute Waldnutzung

FSC® C083411

Zeitfracht Medien GmbH
Ferdinand-Jühlke-Straße 7
99095 Erfurt, Deutschland
produktsicherheit@kolibri360.de